NATACHA CALESTRÉMÉ

Der Schlüssel zu Ihrer Energie

GOLDMANN

Natacha Calestrémé

Der Schlüssel zu Ihrer Energie

In 22 Lektionen zu emotionaler Befreiung finden

Schluss mit negativen Gefühlen und Antriebslosigkeit

Aus dem Französischen von Natalie Freund

GOLDMANN

Die französische Originalausgabe erschien 2020 unter dem Titel *La clé de votre énergie, 22 protocoles pour vous libérer émotionnellement* bei Éditions Albin Michel, Paris.

MIX
Papier | Fördert gute Waldnutzung
FSC® C083411
FSC
www.fsc.org

Penguin Random House Verlagsgruppe FSC® N001967

1. Auflage
Deutsche Erstausgabe Juli 2023

Umschlag: UNO Werbeagentur, München
Umschlagmotiv: FinePic®, München
Redaktion: Ilka Zänger
Satz: Satzwerk Huber, Germering
Druck und Bindung: CPI books GmbH, Leck
Printed in the EU
SC · CB
ISBN 978-3-442-22363-3

Inhalt

ZWEITER TEIL
AN IHRE KRAFT!

DRITTER TEIL
IHR EMOTIONALES GESUNDHEITSHEFT

Einleitung

Wir alle haben schon einiges durchgemacht, und unabhängig vom Alter hoffen wir, dass wir von diesen Prüfungen des Lebens irgendwann verschont bleiben. Tod, Trennung, Krankheit, Misserfolg, Entlassung, familiäre Probleme … manchmal scheint sich das Leben gegen uns zu verschwören. Kaum haben wir uns aufgerappelt, wirft uns ein neuer Schicksalsschlag wieder in ein tiefes Loch.

Wir haben angefangen, uns mit Bio-Kost zu ernähren, zu meditieren, wir sind zu Therapeuten gegangen, um zu lernen, uns zu lieben und zu vergeben … Seitdem überkommt uns der Wunsch, ans andere Ende der Welt zu flüchten, tatsächlich etwas seltener als vorher … Aber kaum taucht eine neue Belastungsprobe auf, werden wir paradoxerweise noch viel vehementer von einem Gefühl der Wut und Frustration erfasst. Immer wieder sagen wir uns: *»Ich mache doch alles richtig. Wieso kann nicht mal Ruhe sein?«*

Wie können wir also aus dieser Situation endlich herauskommen? Wie können wir es schaffen, uns wieder aufzurichten, uns besser zu fühlen, Freude und Gelassenheit zu empfinden?

Solange ich noch genügend Energie hatte, behielt mein Optimismus die Oberhand, und ich schob die Suche nach Antworten auf diese existenziellen Fragen immer wieder auf. Ich fand stets einen guten Grund, einfach weiterzumachen. Wie ein Zugpferd erschöpfte ich mich damit, die emotionalen Lasten, die im Laufe der Jahre immer schwerer wurden, hinter mir herzuziehen. Damals war ich mir meines Leidens nicht bewusst, ich war blind wegen der Scheuklappen vor meinen Augen, die auch meine Tränen verbargen. Bis zu jenem schrecklichen Tag, an dem mein Körper mich im Stich ließ. Egal, ob ich saß, stand oder lag: Ich litt unter heftigen Schmerzen, die vom Rücken ausgingen und bis in die Beine ausstrahlten. Man diagnostizierte einen doppelten Bandscheibenvorfall. Klar, daran stirbt man nicht, aber für jemanden, der im Galopp durchs Leben stürmte, glich diese schmerzhafte Bewegungslosigkeit einem kleinen Tod.

Es war unmöglich geworden, so zu tun, als ginge es mir gut. Da ich mich nicht mehr bewegen konnte, habe ich mich dazu gezwungen, eine Bestandsaufnahme zu machen. Seit vier Jahren wurde ich vom Leben unsanft herumgeschubst. Die Scheidung von meinem ersten Mann sorgte noch immer für viel Wirbel, was sich schmerzhaft auf meinen ganzen familiären Umkreis auswirkte. In beruflicher Hinsicht hatte ich mein Selbstvertrauen verloren, nachdem ein Manuskript und verschiedene Dokumentarfilmprojekte abgelehnt worden waren. Und dann ereignete sich eine furchtbare Tragödie: Meine kleine Schwester, der ich in den letzten drei Jahren so nahegestanden hatte, starb, nachdem sie mehrere Monate im Koma gelegen hatte. Einige Zeit später starb eine meiner besten

Freundinnen an Erschöpfung, sie war Opfer des ständigen Psychoterrors ihres Mannes gewesen. Dann wurde ich von einer Person aus meinem Umfeld, der ich, ohne es zu merken, Kummer bereitet hatte, verbal derart heftig attackiert, dass mir das den Rest gab, obwohl es ja eher belanglos war. Zwei Tage später legte mich der doppelte Bandscheibenvorfall lahm. Trotz der fürsorglichen Anwesenheit meines Mannes Stéphane weinte ich vor Schmerzen, und die Wucht dessen, was mir mein Körper zumutete, verstörte und verängstigte mich. Man muss nicht Freud gelesen haben, um zu erraten, dass mich nicht diese letzte Begebenheit zu Boden riss, sondern die Anhäufung der Belastungen. Ich glich einer Schnecke mit Rissen im Gehäuse, die der prallen Sonne ausgeliefert war. Mich Stück für Stück wiederaufzurichten, wurde zu meiner Priorität.

Ich las eifrig Selbsthilfebücher, in der Hoffnung, eine Lösung zu finden, die mir aus meiner Verzweiflung heraushelfen würde. Dabei sprachen mich insbesondere die Worte des Psychiaters Carl Gustav Jung an, dem Begründer der analytischen Psychologie: »Diejenigen, die nichts aus den unangenehmen Tatsachen des Lebens lernen, zwingen das kosmische Bewusstsein, sie so oft wie nötig zu reproduzieren, um zu lernen, was das Drama dessen, was geschehen ist, lehrt. Was du leugnest, unterwirft dich, was du akzeptierst, verwandelt dich.« Mit anderen Worten: Solange unsere emotionalen Wunden nicht *geheilt* sind, wird das Universum – das Jung *das kosmische Bewusstsein* nennt – dafür sorgen, dass wir Menschen und Situationen anziehen, die uns diese Wunden erneut erleben lassen, damit wir *eine Chance* haben, ihre Bedeutung zu verstehen, sie zu verarbeiten und nicht mehr davon belastet zu werden.

Die Zeit verging und dieses Zitat von Jung ging mir nicht mehr aus dem Kopf. Auf beruflicher Ebene geschah nämlich etwas überaus Erstaunliches. Ich hatte fünfzehn Jahre lang an Tierfilmen und wissenschaftlichen Dokumentarfilmen gearbeitet, lief von einer Dreharbeit zur nächsten, und nun wurden seit einem Jahr alle meine Projekte systematisch von den Fernsehsendern abgelehnt. Der Verwunderung folgte Fassungslosigkeit. Ich redete mir ein, dass es irgendwann positive Antworten geben würde. Aber die Monate verstrichen und nichts passierte. Plötzlich war ich arbeitslos. Mit der Arbeitslosigkeit kam die Scham. Dann das Ende meiner Arbeitslosenunterstützung, und ich hatte keinen Cent mehr. Die finanzielle Katastrophe.

Bis zu dem Tag, an dem mich eine Berufsberaterin der staatlichen Arbeitsvermittlung zu einem Gespräch lud, um über meine Arbeitssuche zu sprechen. Ich empfand das als Zumutung. »Alles in Ordnung, ich schreibe gerade an meinem nächsten Roman, ich habe Filmprojekte, ich werde nicht kommen, Sie brauchen nicht zu insistieren«, antwortete ich mit der Diplomatie eines wütenden Kläffers. Die Behörde scherte sich jedoch nicht um meine Gemütsverfassung, und einige Wochen später musste ich nach Saint-Denis fahren, zur Außenstelle, die für freiberufliche Kulturschaffende zuständig ist. Als ich schließlich dort war, habe ich mich dann doch entspannt und kam mit der freundlichen Angestellten ins Gespräch. Ich erzählte ihr von meinen zahlreichen Projekten und meinem

Traum, eine Serie fürs Fernsehen zu schreiben. Zwei Stunden später reichte ich ihr die Hand, um mich zu verabschieden. »Sie haben Ihre E-Mail-Adresse nicht angegeben«, bemerkte sie. Ich erklärte ihr, dass ich sie nicht mehr weitergebe, weil ich keine Zeit mit uninteressanten Informationen verschwenden wolle. »Das ist schade, Sie könnten Kursangebote erhalten«, insistierte sie. Ohne mir zuzuhören, scrollte sie durch die Seiten auf ihrem Bildschirm: »Sehen Sie, hier haben wir Angebote für Meisterklassen erhalten, die von Luc Bessons Filmschule organisiert werden.« Neugierig setzte ich mich wieder hin. Sie hielt mir zehn Seiten mit verschiedenen Programmen hin, ich griff wahllos nach einem und las: »Lehrgang Drehbuchschreiben für TV-Serien«. Mir fiel die Kinnlade runter, mein Herz raste … Sofort musste ich an diesen Satz von Jung denken, *»etwas vom Sinn seiner Prüfungen verstehen«*. Ohne die Absagen der Fernsehsender keine Arbeitslosigkeit, ohne Arbeitslosigkeit kein Termin bei der Arbeitsagentur, ohne Termin bei der Arbeitsagentur keine Chance, von dieser Lehrveranstaltung zu erfahren. Und wenn nun diese Arbeitslosigkeit, die ich als Ungerechtigkeit empfand, mir meinen Traum ermöglichen würde?

Die Meisterklasse war teuer und begann drei Wochen später. Ich wollte keine Minute verlieren. Und so bedankte ich mich bei meiner Beraterin und beeilte mich, ein Dossier für die Afdas zusammenzustellen, die Behörde, die die Kosten für die Weiterbildung übernehmen sollte. Dann stellte ich mich aufgeregt an deren Schalter vor. »Tut mir leid«, dämpfte die Angestellte meine gute Stimmung, und gab mir meine Unterlagen zurück. »Die Mindestfrist für die Einreichung der Anträge beträgt einen Monat, aber Ihr Lehrgang fängt in drei Wochen an: Es ist zu spät, um sich anzumelden.« In meinem Kopf herrschte Panik, ich schwankte zwischen Zweifel und Überzeugung. Aber wenn Jung Recht hatte, musste ich an dieser Meisterklasse teilnehmen.

»Es muss doch eine Lösung geben«, antwortete ich mit unsicherer Stimme. Meine Intuition sagte mir, dass das, was sich hier gerade abspielte, eine Auswirkung auf alle Prüfungen meines Lebens haben würde. Wenn man mich annehmen würde, würde ich meine gesamte Energie darauf verwenden, aus den vergangenen schmerzhaften Ereignissen »zu lernen, was das Drama lehrt«.

»Sie sind nicht zufällig Autorin?«, fragte sie mich dann.

»Doch …«

»Denn wenn Sie nachweisen können, dass Sie in den letzten zwei Jahren 9000 Euro als Schriftstellerin oder Drehbuchautorin verdient haben, dann klappt es. Die Frist für Autoren beträgt drei Wochen und nicht einen Monat, und Anmeldeschluss ist heute.«

Ich lief, so schnell ich konnte, nach Hause, um ihr den gewünschten Einkommensnachweis weiterzuleiten. Die gute Nachricht ließ nicht lange auf sich warten: Die Kostenübernahme der Weiterbildung wurde genehmigt. Eine Woche später erhielt ich einen Anruf der Schule, die mich zu einem Vorstellungsgespräch bat, und schon bekam ich einen der acht verfügbaren Plätze. Unglaublich, was da gerade passiert war! Damals wusste ich es noch nicht, aber die Geschichte ging noch weiter. Wegen des Ausfalls eines Lehrers übertrug mir der Direktor der Filmschule, der meine Arbeit als Romanautorin kannte, einige Monate später die Leitung des Kurses »Erstellung eines Drehbuchs und Entwurf von Charakteren« für die Studierenden des ersten und zweiten Jahres. Und als Krönung bekam ich von einem Produzenten den Auftrag, für eine Fernsehserie zu schreiben.

Das Endergebnis war eindeutig: Die Arbeitslosigkeit, die ich als absolutes Drama erlebt hatte, wurde zur Treppe, die mich zur Erfüllung meines Traums führte.

An jenem Tag verstand ich, dass alles Sinn ergab …

Und dann? Was konnte ich tun, um zu heilen und voranzukommen? Vor Jahren hatte ich als Journalistin und Filmemacherin Menschen kennengelernt, die mir eine andere Perspektive auf die Schicksalsschläge des Lebens und die Wunden, die sie hinterließen, aufzeigten. Damals fühlte ich mich nicht davon betroffen, aber meine rationale Sichtweise kam gehörig ins Wanken. Heiler, Magnetiseure, Jenseitsmedien und Schamanen hatten mir erzählt, wie sie wieder zu einem positiven Leben gefunden hatten, und mir ihre Heilungstechniken anvertraut. Da ging es weder um Biologie noch um Psychologie, sondern um Energie und eine Sichtweise, die sich grundlegend von allem unterschied, was ich bis dahin gelernt hatte. Vielleicht konnte mir das helfen?

Ich habe diese Techniken angewendet. Woche für Woche, Monat für Monat habe ich mich von Seelenwunden befreit, die ich von meiner Familie übernommen hatte, indem ich meine Ängste überwand, mich von Schuldgefühlen löste, mich heilte. Mein Leben hat sich verändert und verbessert.

Dann beschloss ich, diese Energieprotokolle in Workshops weiterzugeben. Was für eine Freude, als Therapeuten, Psychologen und sogar Ärzte aus ganz Frankreich kamen. Im Laufe der Jahre haben mir so viele Menschen berichtet, wie sehr sich dadurch ihr Leben verändert hat, dass ein Entschluss in mir heranreifte: Die Zeit war gekommen, dieses wertvolle Wissen zu teilen. Das Ergebnis meiner Erfahrungen sind die 22 Lektionen, vornehmlich als Protokolle bezeichnet, in diesem Buch.

Sie werden sich von Ihren schmerzhaften Emotionen befreien können und sich wieder mit Ihrer inneren Kraft verbinden, dem Schlüssel Ihrer Energie.

Tipp: Sie können die Protokolle nacheinander durchführen oder auch nur jene auswählen, die für Sie relevant sind. Es ist aber essenziell, dass Sie sich die Zeit nehmen, das Buch vollständig zu lesen, bevor Sie die Protokolle 5 und 6 umsetzen. Denn wenn Sie sich direkt den betreffenden Seiten widmen, werden Sie keine Kenntnis der Vorsichtsmaßnahmen und auch nicht genügend Hintergrundwissen haben, und das könnte Ihren Verstand blockieren. Geben Sie sich die ganze Fülle an Erfolgschancen, indem Sie das Buch auf sich wirken lassen.

ERSTER TEIL

STELLEN SIE DIE RICHTIGE DIAGNOSE!

1. KAPITEL

Emotionale Wunden erkennen

Unser Ziel ist es, unsere Sichtweise in Bezug auf Schwierigkeiten zu ändern. In unseren Lebenskrisen verbirgt sich etwas Großartiges. Im ersten Moment sehen wir nur Schlamm, doch schon bald sind wir in der Lage zu verstehen, dass es sich im Grunde um Dünger handelt, der uns hilft, auf andere Weise zu wachsen. Betrachten wir die Ereignisse mit Abstand, werden wir sie nicht mehr als Katastrophen wahrnehmen, und jede Krise wird zu einer Erfahrung. Wir sind weder Opfer des Schicksals noch die Zielscheibe von irgendjemandem, es gibt etwas Positives, das wir aus den Prüfungen, die wir durchleben, lernen können.

Diese Sicht auf das Leben hat mich auf den Bestseller von Lise Bourbeau aufmerksam gemacht, *Heile die Wunden deiner Seele*[1]. Die kanadische Therapeutin stützt sich bei ihren Forschungen auf die Aussagen des Neurologen und Begründers der Psychoanalyse, Sigmund Freud. Er behauptete, dass unser körperliches Aussehen mit unseren Emotionen in Verbindung stehe. Lise Bourbeau hat mehrere tausend Fälle untersucht und kommt zu dem Schluss, dass es fünf Wunden gibt: Ablehnung, Verlassenwerden, Demütigung, Vertrauensbruch und Ungerechtigkeit.[2]

Jeder von uns durchlebe zwei oder drei dieser Wunden, jene, die am stärksten ausgeprägt sind. In ihrem Buch beschreibt Lise Bourbeau anhand physischer Merkmale, wie unser Körper von diesen seelischen Verletzungen gezeichnet wird, und erstellt eine Art Phantombild für jede der fünf Wunden.

Ich werde die wichtigsten Merkmale vorstellen, indem ich sie mit weltweit bekannten Persönlichkeiten in Verbindung bringe. (In der Erstauflage dieses Werkes habe ich mich an dieser Stelle vor allem auf französische Politiker bezogen. Da mein Buch aber in mehrere Sprachen übersetzt wurde, erscheint es mir notwendig, über den französischen Kontext hinauszugehen.)

DIE FÜNF GRUNDLEGENDEN WUNDEN

Die Wunde der Ablehnung: während der Kindheit kleiner, schmaler oder sehr schlanker Körper, der mit fortgeschrittenem Alter an Gewicht zunehmen kann, sehr oft mit einer Vertiefung im Brustbereich. Strebt nach Perfektion bei der Arbeit, bevorzugt die Einsamkeit und gilt unter seinesgleichen als Außenseiter oder Sonderling. Befindet sich die Person in einer schwierigen Situation, entscheidet sie sich eher für einen schnellen Rückzug, als den Konflikt auszutragen. Beispiel: Angelina Jolie und Andy Warhol.

Die Wunde des Verlassenwerdens: Es fehlt der Person an Körperspannung, krummer Rücken, nach vorne gebeugt, trauriger Blick, sucht Aufmerksamkeit und blüht auf in einem Beruf, der öffentliche Sichtbarkeit bietet. Sie bittet andere um Rat, befolgt ihn aber nicht unbedingt, sie erträgt es nicht, allein zu leben, ist ihren Mitmenschen gegenüber eher warmherzig. Beispiel: Woody Allen und König Charles III.

Die Wunde der Demütigung: rundlicher Körper und rundes Gesicht, weit geöffnete Augen, mag es, sich Zeit zu nehmen, tut alles, um Kritik zu vermeiden, großzügig, tut mehr für die anderen als für sich selbst, sieht sich dann aber mitunter als Opfer. Beispiel: Marlon Brando, François Mitterrand, Margaret Thatcher.

Die Wunde des Vertrauensbruchs: wohlproportionierter Körper, strahlt Stärke und Macht aus, intensiver und verführerischer Blick, legt keine Priorität auf die Probleme anderer, hat gerne alles unter Kontrolle und erledigt die Dinge am liebsten selbst, will beeindrucken, versteht und handelt schnell. Beispiel: Penélope Cruz und Arnold Schwarzenegger.

Die Wunde der Ungerechtigkeit: perfekt aussehender Körper, sehr aufrechte Haltung, »Knackpo«, leuchtender, lebhafter Blick, stellt hohe Ansprüche an sich selbst, strebt nach Perfektion. Behauptet, keine Probleme zu haben, und tut sich schwer, Spaß zu haben und sich Gutes zu tun, ohne gleich ein schlechtes Gewissen zu haben. Beispiel: Zinedine Zidane und John F. Kennedy.

Es ist interessant, die eigenen Wunden zu kennen: Sie geben uns einen Hinweis auf jene Muster, die sich in unserem Leben wiederholen können. Wenn Sie Schwierigkeiten damit haben, die zwei oder drei Wunden auszumachen, die auf Sie zutreffen, bleiben Sie gelassen, und lesen Sie weiter: Sie können auf anderem Weg zur emotionalen Befreiung gelangen.

Wenn Sie beim Lesen einer dieser Beschreibungen denken: »Darin erkenne ich mich nicht wieder«, Ihnen aber jemand aus Ihrem Umfeld sagt: »Doch, doch, das bist genau du«, dann ist das ganz normal! Unser Verstand versucht immer, uns von unserer Wunde fernzuhalten, um uns vor dieser schmerzhaften Erkenntnis zu schützen. Ich habe das bei einem Vortrag erlebt, bei dem ich die Seelenwunden erwähnt habe. Ein Mann kam auf mich zu und wollte die Namen der fünf Wunden wissen: »Ich habe mir vier notiert, aber eine fehlt mir.« Ich machte ihn darauf aufmerksam, dass die eine, die ihm fehlte, sicher seine größte Wunde sei. Sein Verstand versuchte auf diese Weise, ihn zu schützen, falls er noch nicht bereit sein sollte, der Realität ins Auge zu sehen. Er lächelte mich ungläubig an. Also bat ich ihn, mir jene zu nennen, die er notiert hatte. Ihm fehlte die Wunde des Vertrauensbruchs. »Die zieht sich durch mein ganzes Leben«, murmelte er verblüfft.

Sind Sie bereit für ein Experiment? Schreiben Sie die fünf Seelenwunden auf, ohne zurückzublättern. Es geht nicht darum, Ihr Gedächtnis zu prüfen, sondern darum, ein Experiment zu machen.

1. ....
2. ....
3. ....
4. ....
5. ....

Sie haben Glück, wenn Sie eine oder zwei vergessen haben, denn dann haben Sie mit Sicherheit Ihre grundlegendsten Wunden identifiziert. Andernfalls orientieren Sie sich an den oben genannten körperlichen Beschreibungen, und beachten Sie dabei, dass wir mehrere Wunden haben und dass sie sich in einer subtilen Mischung in uns manifestieren.

- *Es ist sehr interessant, wie unser Körper unsere größten Wunden spiegelt, aber was Lise Bourbeau über ihren Ursprung sagt, ist verblüffend: »Unsere Seele scheint eine bestimmte Anzahl von Wunden auszuwählen, um Erfahrungen zu machen, zum Beispiel die Ablehnung und die Ungerechtigkeit oder den Vertrauensbruch und das Verlassenwerden. Das erklärt, weshalb wir ständig* ***Menschen und Situationen anziehen****, die diese Wunden wieder aufreißen, bis sie uns nichts mehr anhaben können.«*

Diesem Konzept nach würden wir also zuallererst unsere Eltern *auswählen*. Unsere Seele sucht sich das familiäre, kulturelle und gesellschaftliche *Umfeld* aus, in das wir hineingeboren werden. Als ich diese Anschauungsweise entdeckte, war ich erst mal verblüfft. Als ich dann an der TV-Serie *Enquêtes extraordinaires (Außergewöhnliche Untersuchungen)* arbeitete, die sich insbesondere mit der Hypothese befasste, dass das Bewusstsein nach dem Tod fortbestehe, kamen meine Überzeugungen ins Wanken. Etwas mehr als die Hälfte der Weltbevölkerung glaubt an die Reinkarnation, aber für mich war das noch immer eine exotische und orientalische Sicht der Dinge. Deswegen war ich mehr als erstaunt, als ich mich mit der Geschichte des jungen James Leininger befasste, eine der am besten dokumentierten Fallstudien, die der Wissenschaft noch immer Rätsel aufgeben.

Der aus Louisiana in den USA stammende James war zwei Jahre alt, als im Jahr 2000 seine Albträume begannen. Er schrie immer wieder »Flugzeug brennt!«, schlug dabei gegen sein Gitterbett und brüllte, dass er es nicht aus dem Cockpit schaffen würde. Als der Junge etwas älter wurde, behauptete er, ein amerikanischer Pilot zu sein, der im Zweiten Weltkrieg gedient hatte und vom Flugzeugträger *Natoma* gestartet sei. Er nannte sogar die Namen seiner Kameraden und erkannte auf einem Foto Iwojima als den Ort, an dem sein Flugzeug abgeschossen wurde … Seine skeptischen Eltern hatten über zehn Jahre lang recherchiert, bevor sie den Gedanken akzeptierten, dass ihr Sohn wohl die Reinkarnation von James Huston ist, der 1945 bei einem Luftangriff der japanischen Armee getötet wurde. Alle Details, die der Junge angegeben hatte und von denen einige von der Armee geheim gehalten wurden, sind 2011 überprüft und bestätigt worden. Das ist beeindruckend, aber noch verblüffender ist, was James seinen Eltern über seine Zeugung erzählte: »Ich habe euch als meine Eltern ausgesucht.« Der erstaunte Vater fragte ihn, wann das gewesen sei. »Als ihr im

Urlaub auf Hawaii wart, in dem rosafarbenen Hotel.« Und seinem Geburtsdatum nach wurde das Kind tatsächlich im Pink Palace auf Hawaii gezeugt, wo sie Urlaub gemacht hatten!

So verrückt es auch klingen mag, wir scheinen also unsere Eltern auszusuchen … und nicht nur die. Auch alle unsere Verwandten, unser familiäres, freundschaftliches und berufliches Umfeld. Der Dalai-Lama hat zu diesem Thema gesagt: »Wir sind mehr als acht Milliarden Menschen auf Erden, es ist absolut unmöglich, dass die Menschen an unserer Seite zufällig da sind.«

Aber was kann man nun machen, damit unsere emotionalen Wunden nicht ständig wieder aufbrechen?

2. KAPITEL

Aus dem Kreislauf der emotionalen Wunden ausbrechen

Der erste Schritt besteht darin, sich Ihrer Wunden bewusst zu werden und sie zu **akzeptieren**. Falls Sie Ihre grundlegendsten Wunden in der vorherigen Übung nicht bestimmen konnten und Sie sich auch in den körperlichen Beschreibungen nicht wiederfinden, gibt es eine weitere effiziente Methode: Schreiben Sie Stichworte auf, die Sie an sechs oder sieben Lebensprüfungen beziehungsweise besonders schwierige Situationen erinnern. Das kann zum Beispiel der Name der Person sein, die Sie verlassen oder betrogen hat, ein Todesfall, der Sie erschüttert hat, eine Ohrfeige, die Sie als Kind bekommen haben, eine kränkende Bemerkung eines Familienmitglieds oder Kollegen, ein Autounfall, ein Konflikt, der Verlust eines Haustiers, eine Stelle, die Sie nicht bekommen haben … Seien Sie ausführlich! Schreiben Sie alles auf, was Ihnen einfällt, egal ob es sich um etwas handelt, das vor langer Zeit oder erst kürzlich passiert ist. Je mehr solcher Situationen Ihnen einfallen, umso interessanter wird es anschließend.

- ....
- ....
- ....
- ....
- ....
- ....
- ....

DIE ART DER PRÜFUNG ERKENNEN

Bewerten Sie nun mithilfe einer Abkürzung, durch welche der fünf Wunden Sie jede dieser Prüfungen erlebt haben: U für Ungerechtigkeit, A für Ablehnung, VW für Verlassenwerden, VB für Vertrauensbruch, D für Demütigung. Falls eine der Situationen zwei Wunden widerspiegelt (zum Beispiel Ungerechtigkeit und Vertrauensbruch), notieren Sie beide entsprechende Abkürzungen. Es ist oft schwierig, zwischen Ablehnung und Verlassenwerden zu unterscheiden. Die Ablehnung wird durch eine Entscheidung hervorgerufen (zum Beispiel, wenn man als Kind gesagt bekam: »Du isst erst, wenn du deine Hausaufgaben gemacht hast.«).

Die Wunde des Verlassenwerdens wird durch Unachtsamkeit oder ein Ereignis höherer Gewalt verursacht, das scheinbar nicht unserer Kontrolle unterliegt (zum Beispiel: »Ich habe dich zu spät abgeholt, weil ich im Stau stecken geblieben bin.«). Zählen Sie nun, wie viele U, A, VW, VB, D Sie aufgeschrieben haben. Wenn zwei oder drei Wunden häufiger auftreten und dies Ihre Vermutung bestätigt: Sehr gut! Überrascht Sie das eher?

Noch besser! Wie auch immer, Sie haben nun die Wunden identifiziert, die Ihr Leben beeinflussen. Und bedenken Sie, dass jede Situation anders wahrgenommen werden kann, je nachdem, wer sie erlebt. Eine Trennung kann von einer Person als Verlassenwerden empfunden werden, von einer anderen als Ablehnung, Vertrauensbruch, Demütigung oder Ungerechtigkeit. Ebenso können eine Entlassung, Fremdgehen, eine Niederlage und ein Unfall – Ereignisse, die nichts miteinander gemein haben – alle (zum Beispiel) als Ungerechtigkeit erlebt werden.

Mit dieser Übung haben Sie die Wunden identifiziert, die den von Jung beschriebenen Kreislauf der Herausforderungen nähren. Wir kennen alle jemanden, der folgende Situationen erlebt oder auch selbst schon einmal gesagt hat:

- »Es ist schrecklich, jede Frau, mit der ich zusammen bin, betrügt mich …«
- »Ich bin vom Pech verfolgt, alle meine Vorgesetzten schikanieren mich …«
- »Es ist zum Verzweifeln, jedes Mal, wenn ich ein neues Auto kaufe, hat es ein Problem …«

- *Solange wir diese belastenden Situationen als Drama oder Fluch betrachten oder die Schuld auf andere schieben und uns als Opfer positionieren, übersehen wir die Botschaft: Unsere Seele hat sich dafür entschieden, bestimmte Wunden zu erforschen. Wir müssen sie überwinden, um nicht mehr von ihnen beeinträchtigt zu werden. Das ist unsere* ***größte Herausforderung****.*

- *Wenn sich eine bestimmte Lebensprüfung ständig wiederholt, bedeutet das, dass wir eine wesentliche Botschaft übersehen haben: Eine unserer alten Wunden ist noch nicht geheilt. Denn ein schmerzhaftes Ereignis verbirgt immer ein im Moment unsichtbares »Geschenk«: Wir haben eine Chance zu wachsen, wenn wir uns dieser Verletzung bewusst werden.*
- *Wir werden feststellen, dass* ***wir unserem Umfeld und uns selbst erstaunlicherweise ständig diese gleiche Situation aufbürden****. Der beste Weg, nicht mehr von dieser Seelenwunde in Mitleidenschaft gezogen zu werden, besteht darin,* ***sie anderen und uns selbst nicht mehr zuzufügen****.*

Kommen wir zu den Beispielen der bekannten Persönlichkeiten zurück, um den *Bumerangeffekt* der emotionalen Verletzungen und ihren Teufelskreis zu verstehen.

Die Wunde der Ablehnung

Andy Warhol ist einer der größten Künstler des zwanzigsten Jahrhunderts, und doch war seine Arbeit bei seinen Kollegen immer umstritten, genauso wie er sich während seines Studiums *abgelehnt* und ungeliebt fühlte. Er war vom Tod besessen, neigte zur Anorexie (eine Form der *Ablehnung* des eigenen Körpers) und war sehr perfektionistisch, genau wie Angelina Jolie, die ebenfalls die Wunde der Ablehnung trägt. Die Schauspielerin lässt nur ein paar Auserwählte in ihre Nähe, bevorzugt die Einsamkeit und erklärt, dass sie »immer ein Punk-Girl sein wird«, eine Subkultur, die alle Konventionen ablehnt und

Verhaltensregeln auf den Kopf stellt. Diese Persönlichkeiten sind zwar weltberühmt, schotten sich aber ab und üben ihre Kunst am Rande der »Herde« aus.

Um sich dieser Wunde der Ablehnung zu entledigen, muss man zuerst aufhören, sie sich selbst zuzufügen, und darauf achten, dass man sie anderen nicht zumutet. Flüchten Sie nicht mehr, indem Sie umziehen, hören Sie auf, all jene zu verbannen, die Sie verärgert haben, bevorzugen Sie Lebenswege, die weniger Entscheidungen erfordern (Bildungswesen, Medizin, Analysen, Schreiben, Handel, Verwaltung …), achten Sie darauf, wie Sie andere bewerten (insbesondere wenn Sie einen Beruf haben, bei dem es Ihre Aufgabe ist, andere zu beurteilen). Um uns selbst zu befreien, müssen wir aufhören, diese Ablehnung anderen zuzumuten.

Die Wunde des Verlassenwerdens

Woody Allen hat trotz seines außergewöhnlichen Sinns für Humor traurige Augen. Mit seiner deutlich nach außen getragenen Lethargie und seiner gebeugten Haltung stellt sich Allen, König der Selbstironie, in seinen Filmen systematisch selbst zur Schau. Diese für Künstler wohlbekannte Suche nach Aufmerksamkeit ist typisch für die Wunde des Verlassenwerdens. Prinz Charles war vier Jahre alt, als seine Mutter ihn *vernachlässigte*, um ihr Amt als Königin von England anzutreten. Und wie für alle Persönlichkeiten, die diese Verletzung tragen, ist ihm das Singledasein unerträglich. Er *verlässt* Camilla Parker Bowles für Lady Diana und *verlässt* diese dann, um zu Camilla zurückzukehren.

Wenn wir aufhören, vom Blick anderer abhängig zu sein, befreien wir uns von der Wunde des Verlassenwerdens. Wir müssen aber auch darauf achten, dass wir uns von Freunden oder Mitmenschen nicht nach dem ersten Konflikt *abwenden*, und vermeiden, unsere laufenden Projekte (Interessen, Hobbys, berufliche Ideen) *aufzugeben*.

Die Wunde der Demütigung

Die ehemalige britische Regierungschefin Margaret Thatcher, die auch die »eiserne Lady« genannt wurde, war für ihre scharfzüngigen und demütigenden Bemerkungen bekannt. Dasselbe gilt für den ehemaligen französischen Präsidenten François Mitterrand, dessen bissige Kommentare von allen gefürchtet wurden. Marlon Brando hatte den typischen korpulenten Körperbau (eines der Merkmale der Demütigung) und schämte sich für den Alkoholismus seiner Mutter, der sie ins Verderben stürzte. Während seiner ganzen Kindheit wurde er *gedemütigt* und erlebte diese Wunde erneut, als man ihm keine Rollen mehr anbot. Später *demütigte* er sich selbst, indem er nicht mehr auf sein Aussehen achtete und am Ende seines Lebens 136 Kilo auf die Waage brachte.

Wenn wir nicht mehr unter den abfälligen Bemerkungen aus unserem persönlichen und beruflichen Umfeld oder sogar von Fremden auf der Straße leiden wollen, sollten wir selbst kleine Sticheleien und Demütigungen vermeiden und unseren Mitmenschen keine abwertenden Spitznamen verpassen. Außerdem fühlt man sich weniger ausgenutzt, wenn man aufhört, immer zu viel für andere zu tun (um niemanden zu enttäuschen). Wenn wir darauf achten, wie wir uns selbst behandeln (»Ich bin ein Idiot.«) oder wie wir uns ernähren, kann sich diese Wunde der Demütigung schließen.

Die Wunde des Vertrauensbruchs

Extrovertiert, ungeduldig, Verführer voller Selbstsicherheit – wer die Wunde des Vertrauensbruchs trägt, ist ein geborener Schauspieler, Politiker oder Stratege. Manche Schauspieler sind ihrer Wunde noch mehr ausgesetzt, wenn sie in die Politik gehen, wie Ronald Reagan oder Arnold Schwarzenegger. Auch Penélope Cruz hat ein perfekt proportioniertes Äußeres (eines der Merkmale der Wunde des Vertrauensbruchs). Sie wurde von ihrer Schwägerin *verraten*, die die Presse über ihre Schwangerschaft informierte, obwohl die Schauspielerin ihr Privatleben stets geschützt hatte. Sie hatte mit ihrem Partner Javier Bardem gemeinsam beschlossen, ein Jahr lang alle Drehbücher abzulehnen, um sich ihrer Partnerschaft zu widmen. Doch Javier hat diesen Pakt gebrochen, da er bald darauf dem Regisseur Iñárritu für eine Rolle zusagte, was von Penélope als Vertrauensbruch empfunden wurde.

Der beste Weg, um von der Wunde des Vertrauensbruchs loszukommen: Hören wir auf, alles meistern zu wollen, unsere Mitmenschen zu kontrollieren – offiziell, um ihnen *zu helfen* (in Wirklichkeit, um uns zu beruhigen) –, und fangen wir an, unsere Verpflichtungen uns selbst gegenüber einzuhalten (Diät, Sport, Freizeit, mit dem Rauchen aufhören …). Wenn wir lernen, weniger ungeduldig zu sein, und aufhören so zu tun, als wüssten wir alles, dann wird Vertrauensbruch, ob privat oder beruflich, nur noch eine schlechte Erinnerung sein.

Die Wunde der Ungerechtigkeit

Zinedine Zidane war einer der besten Fußballspieler der Welt, für sein Genie und seine Beinarbeit ebenso bekannt wie für einen schrecklichen Vorfall, der sich im Weltmeisterschaftsfinale 2006 ereignete. Was für eine *Ungerechtigkeit* für einen Spieler dieses Niveaus! Nachdem ein italienischer Spieler seine Mutter und seine Schwester *ungerechtfertigt* beleidigt hatte, versetzte Zinedine ihm mitten im Finale einen Kopfstoß. Er wurde des Platzes verwiesen und musste die Verantwortung dafür tragen, dass seine Mannschaft *ungerechterweise* den Pokal verliert. Eine gerade Haltung, ein »Knackpo« und ein möglichst perfektes Auftreten (die wichtigsten Merkmale der Ungerechtigkeit) treffen auch auf John F. Kennedy zu, den jüngsten Präsidenten der Vereinigten Staaten, dessen Familie eine Reihe *ungerechter* Dramen erlebte.

Wie kann man aufhören, sich *ungerecht* behandelt zu fühlen? Zuerst, indem man sich der Ungerechtigkeit bewusst wird, die man sich selbst zufügt. Zum Beispiel, wenn wir versuchen, in allen Bereichen unseres Lebens Spitzenleistungen zu erbringen, was auf Kosten der Zeit, die wir mit Freunden und Familie verbringen könnten, oder unserer Gesundheit geht. Beginnen wir damit, uns unserer Sensibilität und unserer Freuden bewusst zu werden, um einen Burn-out zu vermeiden. Achten wir darauf, dass wir nicht zu *Unrecht* diejenigen vergessen, die uns geholfen haben, und darauf, wie sich jede unserer Entscheidungen auswirkt.

Meistens werden wir von zwei Hauptwunden in Mitleidenschaft gezogen, was es schwierig macht, sie zu identifizieren.

Wir können einen Körper mit perfekten Proportionen haben (Wunde der Ungerechtigkeit), mit Hüften, die etwas breiter als die Schultern sind (Wunde des Vertrauensbruchs), und werden Situationen dieser beiden Wunden durchleben. Ebenso verhält es sich, wenn wir dazu neigen, zuzunehmen und es an Körperspannung fehlt, dann bedeutet das wahrscheinlich, dass wir die Wunden des Verlassenwerdens und der Demütigung tragen.

DIE HERAUSFORDERUNG ANNEHMEN

Ob wir nun eine oder mehrere Wunden in uns tragen, der Schlüssel besteht darin, darauf zu achten, wie wir mit unseren Mitmenschen, aber auch mit uns selbst umgehen, und zu beobachten, wie wir Ereignisse wahrnehmen. Das folgende Beispiel macht das deutlich. Nicole nimmt an einem meiner Workshops teil. Sie erzählt mir von der Ungerechtigkeit, die sie empfunden hat, als ihr Lebensgefährte ihr beim Aufwachen nicht zum Geburtstag gratuliert hat (andere Menschen hätten das als Ablehnung, Vertrauensbruch, Demütigung oder Verlassenwerden empfunden, je nachdem, welche Wunde sie tragen). Als sie am Abend mit einer Party von ihm überrascht wird, zu der er alle ihre Freunde eingeladen hatte, überfällt sie wieder dieses Gefühl der Ungerechtigkeit, diesmal, weil er nicht erraten hatte, dass sie ein Abendessen mit ihm allein vorgezogen hätte. Im Nachhinein wurde ihr klar, dass sie jedes Ereignis durch das Prisma ihrer Wunde betrachtete. Sie war sich nicht bewusst, dass sie ihrerseits ihrem Partner diese Ungerechtigkeit zufügte, indem sie den ganzen Tag nörgelte, obwohl er ihr eine Freude machen wollte.

- *Wir ziehen unser ganzes Leben lang Menschen und Situationen an, die diese Wunden aktivieren, um uns die Möglichkeit zu geben, sie zu heilen. Wenn wir das verstehen, werden wir aufhören, die Handlungen der Menschen in unserem Umfeld vorschnell zu verurteilen, und besser damit zurechtkommen.*

Von nun an sollten wir jedes neue Ärgernis als Gelegenheit betrachten, unsere Einstellung zu verändern. Sehen wir uns ein anderes Beispiel an: Laurent, ein Freund, der im Südwesten Frankreichs lebt, teilt sich mit seiner Schwester, die in Spanien lebt, eine Zweitwohnung in Paris. Er trägt die Wunde der Ablehnung in sich, weshalb er Momente allein mit sich selbst liebt und es hasst, von Fremden überrannt zu werden. *Da man Situationen anzieht, die unsere Wunden aktivieren*, will es der *Zufall*, dass seine Schwester Freunden auf der Durchreise anbietet, in der Wohnung zu übernachten, in der sich Laurent jedoch gerade aufhält. Er empfindet diese Verkettung von Umständen als Ablehnung seitens seiner Schwester. Er lehnt sie seinerseits ab, indem er unvorhergesehene Besuche nicht mehr erlaubt. Dann kommt die krebskranke Schwiegermutter seiner Schwester zu ärztlichen Untersuchungen nach Paris, genau in der Woche, in der auch Laurent da ist. Er versteift sich: »Sie kann kommen, aber ich gehe in ein Hotel.« Er lehnt die Schwiegermutter ab. Laurent verlagert das Problem, indem er sich selbst aus der

Wohnung verstößt. Er hat nicht begriffen, dass sich alles um ihn herum *verschworen* hat, um ihn so oft wie nötig mit seiner Wunde zu konfrontieren, bis er aus dieser Situation lernt und aufhört, die anderen abzulehnen. Auf meinen Rat hin beschließt er, sie offenherzig willkommen zu heißen und selbst in der Wohnung zu bleiben. Was ist daraufhin passiert? Die Schwiegermutter hat ihm eine E-Mail geschickt, in der sie erklärt, dass sie lieber bei einer Freundin wohnt, um moralisch unterstützt zu werden, und Laurent wurde nicht belästigt.

- *Wenn wir aufhören, unsere Wunden uns selbst und unseren Mitmenschen zuzufügen, dann tragen wir aktiv dazu bei, dass sich die gleichen Situationen nicht ständig unser ganzes Leben lang wiederholen. Die Person, die unsere Wunde aktiviert, zu vermeiden, ist keine Lösung. Unsere Wunde zu erkennen, sie zu akzeptieren, sich der Wiederholungen und der Tatsache bewusst zu werden, dass ihre Wiederkehr eine Hilfe für uns ist, ist der beste Weg, sie zu heilen und nicht mehr zu leiden.*
- *Unsere Wunde zu akzeptieren bedeutet nicht, alles hinzunehmen. Angesichts eines Missbrauchs, psychischer Aggression oder einfach nur verbaler Bösartigkeit ist es unerlässlich, sich zu schützen und seine Gefühle auszudrücken. Ich spreche hier natürlich nicht von Vergewaltigung, Schlägen oder Übergriffigkeit, von all diesen Gewalttaten, bei denen Flucht die einzige Option ist. Nach der Reaktion sollte man das Geschehene an sich als Lernprozess betrachten. Mit etwas Abstand, manchmal Jahre*

> *später, wenn man seine innere Stärke wiedergefunden hat, wenn der andere sich vielleicht entschuldigt hat, dann hat man Kräfte und Talente entwickelt, derer man sich nie fähig geglaubt hätte. Dann ist es Zeit, diese Lebensprüfung aus einem anderen Blickwinkel zu betrachten.*

Bis es uns besser geht, haben wir das Recht, unsere Verzweiflung und unseren Hass auszudrücken. Es ist völlig normal, jemandem nachzutragen, was er uns angetan hat, auch wenn es sich dabei um unsere Eltern, einen Bruder, eine Schwester, die Großeltern, den Ehepartner oder eine Freundin handelt! Aber um diese Lebensprüfung zu akzeptieren und auf unserem Lebensweg voranzukommen, sollten wir uns von unseren toxischen Emotionen befreien. Eines Tages schafft man es. Alles zu seiner Zeit.

Natürlich kann es eine Lösung sein, sich in die Natur zu begeben und dort laut zu schreien, aber ich rate Ihnen vor allem, sich mit Ihrer Verbitterung, Ihrem Groll, Ihrer Frustration oder Ihrer Wut einer unbeteiligten Person oder einem Therapeuten anzuvertrauen. So vermeiden Sie, dass sich diese Gefühle durch Gewalt oder durch eine Krankheit ausdrücken. Wenn es Ihnen nicht gelingt, Abstand zu nehmen, werden Ihnen die folgenden Kapitel helfen. Und vergessen Sie nicht: Diejenigen, die uns Leid zufügen, helfen uns, sich der Wunden und der immer wiederkehrenden Situationen bewusst zu werden und sie loszuwerden, auch wenn es schwer ist, sich das vorzustellen. Unsere jetzigen Peiniger sind die besten Verbündeten unserer zukünftigen Entwicklung.

SICH VON DER PRÜFUNG DISTANZIEREN

Manchmal liegen wir mit unserer Einschätzung einer Situation völlig daneben. Das ist ein sicheres Zeichen dafür, dass wir uns selbst etwas vorwerfen. Wenn uns zum Beispiel unser Vater etwas wirklich Schlimmes angetan hat, wir aber vielmehr auf unsere Mutter wütend sind, weil sie uns nicht beschützt hat, dann bedeutet das oft, dass wir uns selbst die Schuld dafür geben, nicht in der Lage gewesen zu sein, »Stopp« zu sagen. Oder wenn uns ein Freund mit einer Entscheidung verletzt, und unsere Wut auf seine Frau übergeht, weil *alle Probleme von ihr ausgehen*, dann wirft man im Grunde sich selbst vor, dass man das Problem mit diesem Freund nicht hat kommen sehen. Ein letztes Beispiel: Wenn wir von unserem Arbeitgeber gemobbt werden und wir unseren Bruder dafür kritisieren, dass er sich nicht um uns kümmert, dann bedeutet das oft, dass man sich selbst vorwirft, es nicht zu schaffen, seinem Vorgesetzten die Stirn zu bieten.

Aufgrund dieser latenten Schuldgefühle verletzen wir uns selbst seelisch und körperlich – auf diese Weise *bestrafen* wir uns. Das äußert sich ganz konkret, wenn wir versehentlich eine Treppe hinunterfallen, uns *ungeschickt* irgendwo anstoßen oder uns einen Zeh an einem Möbelstück verletzen … Diese körperlichen Schläge sind Ausdruck unserer Schuldgefühle.

- *Je mehr wir gelitten haben, desto mehr hindert uns der Verstand daran, der Wahrheit ins Auge zu sehen. Diejenigen, die beim Lesen dieser Zeilen skeptisch bleiben, sind auch diejenigen, die besonders schwere Lebensprüfungen durchstehen mussten. Unser Verstand will uns schützen, indem er uns von der Erkenntnis fernhält.*

Protokoll 1
Aus dem Kreislauf der emotionalen Wunden ausbrechen

1. Werden Sie sich der immer wiederkehrenden Situationen bewusst, um herauszufinden, welche Seelenwunden auf Sie zutreffen (Ablehnung, Verlassenwerden, Demütigung, Ungerechtigkeit und Vertrauensbruch).
   (Hinweis: Wenn Sie sicher sind, dass keine dieser Verletzungen Sie betrifft, dann bedeutet das mit Sicherheit, dass Sie jene der Ungerechtigkeit in sich tragen, die behauptet: »Mir fehlt nichts, mir geht es gut.«)
2. Seien Sie sich darüber im Klaren, dass Ihr Gegenüber höchstwahrscheinlich die gleiche Verletzung hat wie Sie und Ihnen dabei hilft, sich Ihrer wunden Punkte bewusst zu werden.
3. Setzen Sie zumutbare Grenzen, vertrauen Sie jemandem Ihre Gefühle an, um sich von der Wut zu befreien. Sagen Sie Ihrem Gegenüber, dass das Geschehene eine bestimmte Wunde aufgerissen

hat. Achten Sie darauf, Ihren Mitmenschen diese Wunde nicht zuzufügen.

4. Hören Sie auf, sie sich selbst zuzufügen.
5. Eine schwierige Situation zu überwinden, bedeutet zu verstehen, dass sie in Ihnen etwas reaktiviert, das geheilt werden muss. Es bedeutet, den Prozess der Wiederholung zu beenden.
6. Aufzuhören, den anderen die Schuld zu geben, ist der Anfang der Heilung Ihrer Wunde.
7. Tun Sie das nicht, um den anderen eine Freude zu machen, tun Sie es, weil es der einzige Weg ist, sich zu befreien.
8. Sie sind von einer Wunde geheilt, wenn sich die Verletzung nicht mehr wiederholt.

3. KAPITEL

Den Sinn einer Krankheit verstehen

Als ich das erste Mal meine Gesundheit nicht nur aus klinischer Sicht betrachtete, lag ich seit 48 Stunden mit hohem Fieber im Bett. Ich ging zum Arzt, und als ich wieder gehen wollte und meinen Mantel anzog, sah er, wie sich mein Gesicht kurz vor Schmerzen verzerrte … Ich hatte ihm nichts von den Schmerzen in meiner **Schulter** gesagt, die mich bei jeder Bewegung durchzuckten. »Wen wollen Sie denn in die Wüste schicken?«, fragte er mich grinsend. Ich verstand seine Frage nicht … Ich sah keinen Zusammenhang mit meinem Fieber und schon gar nicht mit den Schmerzen, die mich beeinträchtigten. Daraufhin erzählte er mir, dass einige seiner Patienten, die an Schulterschmerzen litten, sich darin ähnelten, dass sie eine so ungeheure Wut auf einen nahestehenden Menschen hatten, dass sie am liebsten auf ihn einschlagen würden. Ein Gefühl, das mir bekannt vorkam … Haben die Beziehungen zu unseren Mitmenschen einen Einfluss auf unsere Gesundheit? Mein Arzt empfahl mir jedenfalls, an meiner Beziehung zu der Person *zu arbeiten*, die zu diesem Zeitpunkt meine

Gedanken beherrschte. Daraufhin ging ich fast ein Jahr lang einmal die Woche zu einer Psychotherapeutin. So unglaublich es auch klingen mag, der Schmerz ließ allmählich nach und verschwand schließlich ganz, und ohne Hilfe von Medikamenten! Damals war mir nicht klar, welche Prozesse hier am Werk waren. Doch diese Erfahrung kam mir wieder in den Sinn, als ich den doppelten Bandscheibenvorfall erlitt. Die Lösung lag nun auf der Hand: Wir können heilen, wenn wir einen Arzt konsultieren und dann die Ursachen unserer Krankheiten *aus einem anderen Blickwinkel* betrachten.

WIEDERKEHRENDE KRANKHEITEN

Unter den immer wiederkehrenden Mustern des Lebens ist Krankheit das häufigste. Leider schenken wir dem wenig Beachtung. Schlimmer noch, es überrascht uns nicht mehr, krank zu werden. Angina, Schnupfen, Durchfall, Migräne, Verstopfung, Entzündung, Asthma, Rückenschmerzen oder Blasenentzündung … Und wenn diese immer wiederkehrenden Beschwerden kein Zufall wären? Wenn dieser Teufelskreis einen Sinn hätte, so wie unsere Lebensprüfungen? Wenn wir krank im Bett liegen, glauben wir, für bestimmte Keime wie Bakterien anfällig zu sein oder uns heimtückische Viren eingefangen zu haben, die im Umlauf sind. Die Kälte, Epidemien oder auch eine familiäre Veranlagung seien für unsere Krankheit verantwortlich. Hausärzte stellen oft fest, dass die meisten Krankheiten, an denen ihre Patienten leiden, wiederkehren. Man kann sich nur hilflos fühlen, wenn man feststellt, dass die Medikamente zwar meistens *kurzfristig* wirken, aber nicht verhindern, dass die Beschwerden wiederkommen. Was kann man also tun, um einen Rückfall zu vermeiden?

Als ich mich damit befasste, auf welche Weise wir auf physische Leiden reagieren, stellte ich fest, dass wir unseren Körper nachlässig behandeln. Betrachten wir zum Beispiel eine der häufigsten Beschwerden, Kopfschmerzen. Unsere erste Reaktion hört sich meistens so an: »Geht schon, das wird vorbeigehen.« Vergleichen wir das nun mit einem Auto, bei dem das rote Warnsignal der Bremsbeläge aufleuchtet und uns darüber informiert, dass sie abgenutzt sind. Wenn wir so reagieren, wie wir das bei Kopfschmerzen machen, nämlich »das geht schon von allein weg«, dann wechseln wir die Bremsbeläge nicht aus und rasen so geradewegs auf einen Unfall zu. Im zweiten Schritt nehmen wir ein Medikament ein, das den Schmerz ausschaltet, ohne die Ursache zu beheben. Bei unserem Auto wäre das so, als würden wir die rote Warnleuchte, die vor einer Fehlfunktion warnt, ausschalten. Das Ignorieren des Warnsignals wird nicht verhindern, dass das Auto gegen die Wand fährt, da das Problem mit den Bremsen weiterhin besteht. Wir behandeln uns selbst also wie das Auto in diesem Beispiel!

Dieser Vergleich führt uns zwei Dinge vor Augen: erstens, dass wir uns besser um unser Auto als um unseren Körper kümmern (wir lassen die Bremsbelege austauschen, während wir bei uns selbst nur das Symptom beseitigen), und zweitens, dass wir uns um die Auswirkungen des Problems kümmern, anstatt uns mit dessen Ursache zu beschäftigen.

Heilmittel – ob chemische oder pflanzliche – *schalten nur das kleine Warnsignal aus*, indem sie die Symptome aufheben.

Wenn ich mir beispielsweise eine bakterielle Halsentzündung zuziehe, wird man mir Antibiotika geben, wenn ich unter akuten Rückenschmerzen leide, wird man mir ein Muskelrelaxans verschreiben, wenn ein Ekzem auftritt, wird man mir Kortison empfehlen, und bei Panikattacken wird man mir zu Beruhigungsmitteln raten … Aber wird mit diesen Medikamenten wirklich der Auslöser von Krankheiten bekämpft? Nein. Der Beweis ist, dass die Beschwerden, die uns quälen, immer wiederkommen. Wie viele Menschen mit einer Entzündung am rechten Fuß sind verzweifelt, weil die Schmerzen, die nach der Einnahme von entzündungshemmenden Mitteln nachgelassen haben oder verschwunden sind, an derselben Stelle oder am linken Fuß wiederauftauchen?

Viren, Bakterien und andere Keime sind zwar Krankheitserreger, aber sie existieren schon seit mehreren Millionen Jahren auf der Erde. Im Laufe der Zeit haben sie sich weiterentwickelt und an die Veränderungen unseres Planeten und seiner Wirte angepasst. Würde allein ihre Anwesenheit ausreichen, um uns krank zu machen, dann wären alle ständig krank. Es werden jedoch nur einige von uns krank, während andere gesund bleiben. Eine weitere *Anomalie* besteht darin, dass Viren Wärme benötigen, um sich zu vermehren, jedoch im Winter den größten Schaden anrichten … Was, wenn unser Köper so geschwächt wäre, dass er für die Überträger dieser Krankheiten anfällig geworden ist?

Andere Theorien besagen, dass Krankheiten auf Störungen in unserem Körper zurückzuführen sind. Blut- und Urinuntersuchungen könnten dies belegen: Magnesiummangel als Ursache für Stress, zu viel Eisen im Körper als Erklärung für neurologische Störungen, »schlechtes« Cholesterin als Urheber von Durchblutungsstörungen oder eine Vermehrung von Bakterien als Auslöser einer Harnwegsinfektion. Kehren wir nun den Kausalzusammenhang ins Gegenteil um. Was, wenn die Schwankungen dieser Werte nicht eine Ursache, sondern eine Konsequenz wären? Dann würde die Schwächung unseres Körpers diese Störungen verursachen! Das würde erklären, weshalb die meisten von uns gesunde Träger potenzieller Krankheitserreger sind und nur ein winziger Teil von uns tatsächlich krank wird. Ein deutliches Beispiel sind die Papillomaviren. In Frankreich kommen 85 Prozent der Frauen eines Tages mit diesem Virus in Berührung und dennoch erkranken nur 0,002 Prozent von ihnen an Gebärmutterhalskrebs. Weshalb also werden nur 527 Personen möglicherweise betroffen sein und nicht alle 31 Millionen Frauen in Frankreich, die dem Virus ausgesetzt sind? Das Vorhandensein der Viren im Blut löst noch lange keine Krankheit aus. Weshalb werden nur einige Frauen Krebs entwickeln? Auch hier können wir die gleiche Hypothese aufstellen: wegen eines geschwächten Körpers.

Eine weitere Ursache immer wiederkehrender Krankheiten soll in unserer Ernährung liegen. Wenn wir zu viel Fettes oder Süßes essen, drohen uns nicht nur Verdauungsstörungen, sondern auch Übergewicht oder sogar Diabetes. Die Menge scheint in diesem Fall der auslösende Faktor zu sein. Aber weshalb essen manche von uns dann mehr, als ihnen guttut? Was versuchen wir zu füllen, indem wir mehr essen als nötig? Könnte es sein, dass unser Körper versucht, eine Schwächung des Organismus zu kompensieren, indem er Energie dort holt, wo er sie mit Sicherheit findet: im Zucker, im Alkohol und in fettreichen Speisen?

Betrachten wir nun die Art und Weise, wie wir auf Leid reagieren. Zum Beispiel, wenn ein Kind hinfällt und sich das Knie aufschürft. Wenn ein Mann aufgrund eines Bandscheibenvorfalls so starke Ischiasschmerzen hat, dass er sich nicht mehr bewegen kann. Wenn eine Frau vom Tod einer ihr nahestehenden Person erfährt, sich ihr Herz verkrampft, sie keine Luft mehr bekommt und sofort ein juckender Ausschlag ausbricht. Oder wenn eine Studentin eine Prüfung nicht besteht, sich ihre Halswirbel und ihr Nacken so verspannen, dass dieser steif wird. Egal, welche Ursache das Leiden hat, es erzeugt physische Schmerzen. Und was geschieht dann in unserem Körper und unserem Geist? Genau in diesem Augenblick kommt unser Verstand ins Spiel. Er wird aktiv, um uns vor dem Schmerz zu schützen. Er wird mit allen Mitteln versuchen, diesen Schmerz in unserem Körper zum Verschwinden zu bringen. So läuft das Kind weinend zu seiner Mutter, die die Wunde desinfiziert, ein Pflaster draufklebt, ihm dann einen Kuss gibt und davon überzeugt, dass es nicht mehr wehtut. Der Mann mit den Ischiasschmerzen wird einen Arzt aufsuchen und sich ein entzündungshemmendes Mittel verschreiben lassen. Ein Psychiater oder Psychotherapeut wird der trauernden Frau helfen, sich besser zu fühlen, und der juckende Ausschlag wird mit Kortison gelindert. Unsere Studentin wird sich an einen Physiotherapeuten oder Osteopathen wenden, um ihren steifen Nacken behandeln zu lassen.

Was können wir aus diesen Beispielen lernen? Die Botschaft, die wir unserem Körper mithilfe von Medikamenten und Therapeuten vermitteln, lautet: »Du hast dich geirrt, du leidest nicht.« Und dennoch sind der Sturz, die Verschiebung einer Bandscheibe, die Trauer und das Scheitern sehr wohl da.

- *Der Verstand hilft uns, vor einer schmerzhaften Situation zu fliehen, entfernt uns damit aber paradoxerweise von einer Lösung.*

DIE BOTSCHAFT DER KRANKHEIT

Vielleicht haben wir den Reflex verloren, unserem Körper zu vertrauen? Warum achten wir nicht mehr auf die Informationen, die er uns sendet? Von Geburt an wurde uns beigebracht, Schmerzen als Zeichen von Schwäche wahrzunehmen. Wir sind davon überzeugt, dass es nicht zulässig ist, dass sich der Körper äußert. Also erzeugen wir eine kognitive Dissonanz zwischen unseren Empfindungen und unserer Art und Weise, mit dem Problem umzugehen. Mit anderen Worten, wir sind blind und taub geworden für die Warnsignale, die uns unser Körper sendet. Es ist in etwa so, als ob unser Telefon läuten würde und wir die Verbindung unterbrechen, ohne überhaupt zu wissen, wer uns erreichen möchte. *Krankheit* ist eine Botschaft, die unser Körper *nicht mehr an uns zu übermitteln vermag.*

Versuchen wir, diese Botschaft zu entschlüsseln. Wie wir gesehen haben, sind wir krank, weil unser Körper geschwächt und deswegen anfällig für Viren, Bakterien und andere Keime geworden ist, die ihn angreifen. Weshalb schafft er es nicht mehr, sich zu verteidigen? Es ist mittlerweile unumstritten, dass chemische Belastungen, Abgase, Pestizide und Schwermetalle unseren Organismus schwer belasten, indem sie unser Hormonsystem schädigen und dadurch das Wachstum und das Verhalten unserer Zellen beeinträchtigen. Können wir auf individueller Ebene diese Umweltbelastung vermeiden? Nein (auch wenn es extrem wichtig ist, im täglichen Leben dazu beizutragen, die Umwelt zu schützen). Können wir vielleicht Krankheitserreger wie Viren und Bakterien um uns herum beseitigen? Auch nicht.

Worauf können wir uns dann angesichts dieser Feststellung stützen, um zu heilen? Hier kommen die Lehren der traditionellen oder alternativen Medizin ins Spiel, die unsere Emotionen in den Mittelpunkt ihres Heilungsprotokolls stellen:

- Die chinesische Medizin mit ihrer 2500-jährigen Erfahrung hat sich mittlerweile auch im Westen bewährt und verdeutlicht den Einfluss schmerzhafter Emotionen bei der Entstehung von Krankheiten. Zum Beispiel wirkt sich große Traurigkeit auf die Lunge aus, Wut auf die Leber und Angst auf die Nieren.
- Die Akupunktur stützt sich auf Energieflüsse, die den Körper über unsichtbare Meridiane durchziehen, und hat die Auswirkungen unangenehmer Emotionen auf unsere lebenswichtigen Organe aufgezeigt.
- EFT (Emotional Freedom Technique) ist eine Klopftechnik, die bestimmte Punkte auf diesen Meridianen stimuliert, wobei man gleichzeitig die störende Emotion verbal benennt.

- Durch Hypnose kann man schlecht verarbeitete Emotionen neu interpretieren, indem man sie in ein positives Ereignis umwandelt, das man sich vorstellt und zu eigen macht.
- Die Sophrologie versucht belastende Emotionen zu heilen, indem sie Bewusstseinsschulung und Atemtechniken verbindet.
- Die Kinesiologie nutzt Muskelreflexe, um den genauen Zeitpunkt zu finden, an dem sich eine mit einem traumatischen Ereignis verbundene Emotion im Körper festgesetzt hat.
- Die Iridologie geht davon aus, dass der gesamte menschliche Körper in der Iris repräsentiert ist. Nicht verarbeitete Emotionen hinterlassen einen sichtbaren Fleck oder eine Spur im Auge.
- Die von Dr. Bach entwickelten Blütenessenzen behandeln unsere Beschwerden, indem sie auf einige für uns schwierige Emotionen einwirken: Überempfindlichkeit, Niedergeschlagenheit, Angst, Einsamkeit, Verzweiflung, übermäßige Besorgtheit.
- Es gibt sogar eine Form der Osteopathie, die unsere im Körper gespeicherten emotionalen Wunden aufspürt und diese Blockaden durch Berührung löst.
- Dann gibt es noch Aromatherapie, Shiatsu, EMDR (Eye Movement Desensitization and Reprocessing, eine Technik, bei der traumatische Ereignisse durch Augenbewegungen verarbeitet werden), Körperpsychotherapie und viele andere, deren Erfolg daher rührt, dass sie Traumata und problematische Emotionen aufspüren und behandeln.

- *Der Körper ist das Gefäß unserer emotionalen Störungen. Krankheit ist die Botschaft, das positive Signal unseres Körpers, dass wir in der Lage sind, uns dieser Störungen bewusst zu werden und uns von ihnen zu befreien.*

KÖRPER UND EMOTIONEN SIND VERBUNDEN

Jede für uns schwierige Emotion – die wir bereits im Mutterleib wahrnehmen – wirkt sich auf unseren Körper aus. Ärger, Wut, Verlassenwerden, Schuldgefühle, Demütigung, Scham, Ungerechtigkeit, Traurigkeit, Ablehnung, Angst, Vertrauensbruch … Jede emotionale Verletzung erzeugt eine Art *Knoten* in unserem Körper, der die Energie, die durch unsere Zellen fließt, blockiert. Wenn wir jung und fit sind, haben die meisten von uns genügend Kraft, um diese Blockaden zu kompensieren. Doch durch Umweltverschmutzung, Müdigkeit, Stress und zunehmendes Alter ist unser Organismus nicht mehr so gut in der Lage, das Problem zu umgehen.

Wenn also eine unangenehme Emotion die ersten Wunden unserer Seele reaktiviert, kann unser geschwächter Körper dem Ausbruch einer Krankheit nichts mehr entgegensetzen. Natürlich ist die Einnahme von Medikamenten unerlässlich, um Schmerzen zu lindern und die Ausbreitung von Krankheitserregern zu verhindern. Wenn Sie aber das Übel an der Wurzel packen wollen, um es endgültig loszuwerden, sollten Sie sich von nun an klarmachen, dass Ihr Körper Ihre Aufmerksamkeit auf eine frühere Lebensprüfung lenkt, die nicht gelöst und Ihnen manchmal nicht einmal bewusst ist. Anders ausgedrückt, Ihr Körper ist nicht mehr in der Lage, diesen Knoten allein zu bewältigen, und er bittet Sie, ihn zu lösen.

In meinen Workshops begegne ich oft Teilnehmern, die mir sagen: »Das Problem ist nicht emotional, ich habe wirklich Schmerzen.« Man darf Ursache und Folgen nicht verwechseln. Die Emotion hat eine Fehlfunktion in Ihren Zellen ausgelöst, die es der Krankheit ermöglicht hat, sich in Ihnen einzunisten. Die Krankheit ist also da und real. Wenn Sie medizinische Untersuchungen oder Laboranalysen durchführen lassen, werden Sie Entzündungen, Bakterien, Viren oder einen Muskelriss feststellen können. Der Körper drückt sein Unwohlsein durch eine sehr konkrete Krankheit aus. Warum sollte man sich dann an Psychiater, Psychologen und Psychoanalytiker wenden? Diese Therapeuten beschäftigen sich ja mit unseren Emotionen, und wir nehmen ihre Hilfe in Anspruch, um Neurosen zu überwinden, Depressionen zu heilen, Stress zu bewältigen, Selbstvertrauen zu gewinnen, um Phobien oder unglückliche Erinnerungen loszuwerden … Wir werden sie jedoch niemals aufsuchen, wenn wir körperliche Schmerzen haben (zum Beispiel Ischias- oder Nackenschmerzen), und schon gar nicht, wenn wir an Symptomen wie Schnupfen oder Durchfall leiden. Wir denken nicht einmal an diese Therapien, obwohl sie sehr hilfreich wären, weil wir nicht gelernt haben, physische Krankheit mit unserer Psyche in Verbindung zu bringen. Dabei liegt der Schlüssel zur Heilung gerade in dieser Verbindung zu unseren Emotionen …

Kommen wir nun zu den Krankheiten, die generationenübergreifend zum Ausdruck kommen. Die international renommierte Psychologin und Psychotherapeutin Anne Ancelin Schützenberger hat zwanzig Jahre lang klinische Studien durchgeführt und sich dabei vor allem mit Krebserkrankungen beschäftigt. In ihren Untersuchungen verband sie klassische Medizin mit psychotherapeutischer Nachsorge und kam erstaunlichen Phänomenen der Wiederholung auf die Spur. Entscheidend für ihre Entdeckungen ist dabei eine 35-jährige Schwedin, die sich unheilbar krank wähnte. Über dem Bett hing ein Porträt ihrer Mutter, die an Krebs starb … mit 35 Jahren. Schützenberger stellte die Hypothese auf, dass sich die junge Frau unbewusst mit ihrer Mutter identifizierte – bis hin zur Wiederholung von deren tragischem Schicksal. Diese Sichtweise veränderte das Leben der Patientin … und das der Forscherin. »Sich der Wiederholungen bewusst zu werden, kann manchmal genügen, eine Emotion zu generieren, die stark genug ist, die Person von der Bürde ihrer unbewussten Loyalität der Familie gegenüber zu befreien«, sagt die Forscherin.

In diesem Zusammenhang erinnere ich mich an eine Frau um die vierzig, deren Sehvermögen stark nachließ. Sie befürchtete zu erblinden, wie schon ihre Mutter und ihre Großmutter vor ihr. Trotz eingehender Untersuchungen waren keine Anomalien festgestellt worden. Es schien genetisch bedingt zu sein, und man konnte nichts dagegen tun. Daraufhin machte sie bei der Therapeutin Michelle Duhamel eine sogenannte »Familienaufstellung«, eine Technik zur Bewältigung transgenerationaler Konflikte, die in Gruppentherapien angewendet wird.

Ergänzend dazu führte sie eine umfassende Recherche über die Genealogie ihrer Familie durch … und alles wurde klar!

Sie war verblüfft, als sie herausfand, dass vor zweihundert Jahren eine ihrer Ahninnen als Vierjährige mitansehen musste, wie ihr gesamtes Dorf durch die Truppen Napoleons III. hingerichtet wurde. Das traumatisierte kleine Mädchen hatte sich zweifellos mit aller Kraft gewünscht, »so etwas nie wieder … zu sehen«. Hier lag der Schlüssel, um sie von ihrem Leiden zu befreien. *Nie wieder sehen*: Das war die entscheidende emotionale Information, die sie an ihre Nachkommen weitergegeben hatte. Die Patientin konnte nun die emotionalen Wunden ihrer Abstammungslinie »reinigen« und hat ihre Sehkraft wiedergewonnen.

Auch die moderne Medizin erkennt an, dass Emotionen die Ursache von Krankheiten sein können. So ist die Psychoneuroimmunologie ein aufstrebendes interdisziplinäres Forschungsgebiet, das davon ausgeht, dass unser Immunsystem durch Stress unterdrückt werden kann. So werden wir anfällig für Viren, Bakterien und andere Keime.

- *Jede Krankheit überliefert eine Botschaft unseres Körpers, eine Information, die mit einer emotionalen Wunde in Verbindung steht. Wenn wir also an den Prüfungen unseres Lebens arbeiten, hat das einen tatsächlichen Einfluss auf unsere Gesundheit. Ebenso können bestimmte Lebensprüfungen vermieden werden, wenn man die Ursache einer Krankheit findet.*

4. KAPITEL

Aus dem Kreislauf der Krankheit ausbrechen

SICH DER BOTSCHAFT UNSERES KÖRPERS BEWUSST WERDEN

Krankheit, ein komplexes und multifaktorielles Phänomen, ist also sehr häufig mit einer unangenehmen Emotion verbunden. Ob diese Emotion nun alt oder neu ist, sie hat sich in unserem Körper festgesetzt und einen energetischen Knoten gebildet. Dieser Knoten ist es, der langfristig zu gesundheitlichen Störungen führt. Die Energieblockade macht uns anfällig und empfänglich für Bakterien, Viren und Krankheiten, die im Umlauf oder bereits in uns sind. Was auch immer wir dagegen unternehmen, wir sollten immer daran denken, dass es wichtig ist, einen Arzt aufzusuchen, um eine Infektion zu bekämpfen, einen Virus abzuwehren oder Schmerzen zu lindern, sobald die ersten Symptome auftreten.

Gleichzeitig muss man diesen energetischen Knoten lösen, damit die Krankheit nicht wieder zurückkehrt. Aber wie soll das gehen? Sie können versucht sein, sich an einen Heiler, Magnetiseur, Energetiker oder einen anderen Therapeuten zu wenden, der mit Energie arbeitet. Das ist auch oft wirklich hilfreich, wenn der Schmerz unerträglich ist (zum Beispiel bei einem Ekzem oder einer Verbrennung). Diese Hilfe allein reicht aber nicht aus. Es ist unerlässlich, dass Sie sich selbst mit den Ursachen Ihrer Krankheit befassen, um zu verhindern, dass das Problem wiederkehrt oder sich durch eine andere Krankheit Ausdruck verschafft.

Ich gebe zu, dass diese Vorgehensweise ungewöhnlich ist, aber sie ist unumgänglich. Denn sobald man schmerzfrei ist, sind die Warnsignale stummgeschaltet, und man versucht nicht mehr zu verstehen, weshalb man diese Schmerzen hatte. Wir glauben, wir seien von diesem Leid befreit. Das ist jedoch ein Irrtum, denn die Ursache des unterbrochenen Energieflusses schlägt weiterhin Alarm, indem sie die Auswirkungen der Krankheit auf unseren Körper verstärkt. Daher ist es notwendig, nach der Ursache zu suchen.

Um langfristig etwas zu bewirken, ist es wichtig, einen Therapeuten seiner Wahl zu konsultieren, aber auch, sich persönlich in den Heilungsprozess einzubringen. Suchen Sie selbst nach dem Auslöser Ihrer Krankheit, um einen Rückfall zu vermeiden. Sie haben keine Ahnung, welche Fähigkeiten Sie in sich tragen! Um Sie davon zu überzeugen, zitiere ich Dr. Albert Schweitzer zu diesem Thema: »Alle Patienten tragen ihren eigenen inneren Arzt in sich. Sie kommen zu uns, ohne diese Wahrheit zu kennen. Wir sind dann am erfolgreichsten, wenn wir dem Arzt, der in jedem Patienten steckt, die Chance geben, seine Arbeit zu tun.«

- *Wenn Sie krank sind, können Sie sich über diese Hilfe freuen: Ihr Körper macht Sie auf eine Emotion aufmerksam, die Sie belastet hat und der Sie sich bewusst werden können, um sich von ihr zu befreien.*

DAS AUSLÖSENDE EREIGNIS FINDEN

Die Emotion zu finden, die Sie aus dem Gleichgewicht gebracht hat, ist der Schlüssel zur Befreiung. Wie könnte diese Emotion aussehen? Eine unfreundliche Bemerkung, eine Enttäuschung, Angst, eine schlechte Nachricht, Trauer, Trennung, Geld- oder Arbeitsplatzverlust, Misserfolg, Schuldgefühle, Betrug, Streit, Scham … Jede schwierige Situation kann eine alte Wunde aufreißen, derer man sich manchmal nicht bewusst ist.

Notieren Sie nun alle Ereignisse, die Sie durcheinandergebracht haben und die einige Stunden vor Ihrer Erkrankung oder am Vortag, in der Woche oder im Monat davor stattgefunden haben.

- Zum Beispiel: Halsentzündung, zwei Tage zuvor Streit mit Soundso, ich konnte mich nicht richtig ausdrücken und habe den ganzen Abend gedanklich durchgespielt, was ich ihm hätte sagen sollen.
- ……………………………………………
- ……………………………………………
- ……………………………………………

Sich an ein gesundheitliches Problem zu erinnern, das unmittelbar nach einem Trauerfall auftritt, ist in der Regel einfach. Aber zu erkennen, dass man nach einer harmlosen, aber unangenehmen Bemerkung einer nahestehenden Person Schnupfen, Durchfall oder einen steifen Nacken bekommen hat, ist weniger offensichtlich. Weshalb richten diese kleinen, auf den ersten Blick unbedeutenden Ereignisse so viel Schaden an wie ein Trauma? Ganz einfach, weil sie **Nachbeben** mehrerer emotionaler **Erdbeben** in der Kindheit sind.

Haben Sie von nun an den Reflex, bei der kleinsten Erkrankung herauszufinden, was eine Verstimmung verursacht haben könnte. Schreiben Sie diese Ursache in ein Heft, das Sie Ihrer Gesundheit widmen. Wenn Sie auf Ihren Körper und Ihre Emotionen hören, wird es leichter, eine Verbindung zwischen einem Symptom (der Krankheit) und dem Auslöser (der für Sie schwierigen, alten und reaktivierten Emotion) herzustellen.

Es kommt auch vor, dass der Schmerz anfangs zu schwach ist, um gleich auf ihn aufmerksam zu werden. Wenn er dann im Laufe der Wochen stärker wird, ist es oft unmöglich, sich zu erinnern, wann und weshalb er entstanden ist. In anderen Fällen tritt die Krankheit nach einer ganzen Reihe von Ereignissen auf, wie im folgenden Beispiel. Ich kannte eine junge, völlig gesunde Studentin, die eines Abends in einen Nachtclub ging. Im Laufe des Abends kam der Junge, in den sie heimlich verliebt war, mit ihrer besten Freundin zusammen. Das war der erste emotionale Schock. In den folgenden Tagen ließ sie sich regelmäßig von einem Freund dazu verleiten, Marihuana zu rauchen – auf diese Art konnte sie vergessen, weshalb sie so traurig war. Doch leider führte nun die Lethargie, in die sie versunken war, dazu, dass sie ihr Studium vernachlässigte. Als ihre Eltern, die nichts von der Situation wussten, drei Monate später von ihren katastrophalen Prüfungsergebnissen erfuhren, machten sie ihr Vorwürfe: »Wir bringen solche Opfer, um dir dieses Studium zu bezahlen, und du bemühst dich nicht einmal. Du bist egoistisch und verantwortungslos.« Die junge Studentin hatte nun angesichts der Enttäuschung ihrer Eltern starke Schuldgefühle, die zum zweiten emotionalen Schock führten. Weil sie nicht verstand, weshalb sie zu so einer »Versagerin« wurde, folgte eine Depression, der dritte emotionale Schock. Nun ist sie also krank. Seit dem Abend im Club war viel Zeit vergangen, und es war schwierig, den Ursprung ihres Leidens zu finden. Es ist also nicht einfach, die ursprüngliche Emotion zu finden. Zum Glück gibt es Lösungen.

DIE EMOTIONALE URSACHE IDENTIFIZIEREN

Sie werden es erleben! Wenn man die emotionale Ursache für eine Krankheit versteht, kommt der Heilungsprozess schneller in Gang. Wenn Sie die emotionale Wunde nicht finden können, sollten Sie sich die Fragen stellen, die nun folgen. Sie werden Ihnen helfen, einen der möglichen Ursprünge der Krankheit zu finden. Fühlen Sie sich bei diesem Prozess frei, vergessen Sie Ihre Schwächen, und schreiben Sie mit völliger Aufrichtigkeit alles auf, was Ihnen in den Sinn kommt.

Protokoll 2
Das auslösende Ereignis finden

1. Konsultieren Sie einen Arzt. Stellen Sie sich dann die Frage, ob Sie diese Art von Krankheit schon einmal gehabt haben.
2. Falls ja, erinnern Sie sich für jedes Mal, an dem sie ausbrach, an den damaligen Kontext (Familie, Beziehung, Arbeit, Finanzen), an einen Satz, einen Ort, eine Person oder ein schmerzhaftes Ereignis, das mit der Krankheit in Verbindung stehen könnte.
3. Hat dieses vergangene Ereignis einen Zusammenhang mit dem, was Sie gerade erleben?
4. Gibt es eine Zeit, in der diese Krankheit nicht zum Ausdruck kam? (Notieren Sie, was damals gut lief, welche neuen Herausforderungen und welche Stressfaktoren es in Ihrem jetzigen Leben gibt.)
5. Ziehen Sie einen Nutzen aus dieser Krankheit? (Kranksein ist manchmal ein Mittel, damit sich jemand um einen kümmert. Oder bewahrt Sie diese Krankheit davor, über eine beängstigende Situation nachzudenken? Gelingt es Ihnen, auf diese Weise die nötige Erholung zu finden, die Sie sich nicht selbst gönnen können? Entfliehen Sie dadurch Ihrer Arbeit? Oder erlaubt sie Ihnen, Zeit mit einer Person zu verbringen, die Sie lieben? Flüchten Sie vor einer Verantwortung oder einer Situation, in der Sie sich

gefangen fühlen? Stellt sie eine Möglichkeit dar, sich vor einer Entscheidung zu drücken oder die Aufmerksamkeit Ihrer Familie auf sich zu ziehen?)

6. Fühlen Sie sich schuldig? (Möchten Sie jemandem »Stopp« sagen oder eine bestimmte Situation nicht mehr erleben?)

5. KAPITEL

Die emotionale Symbolik von Krankheiten

Keine Therapie kann den Anspruch erheben, der einzige Ursprung einer Heilung zu sein – ganz einfach deswegen, weil der Mensch ein komplexes Lebewesen ist und die Ursachen von Krankheit multifaktorieller Natur sind. Die folgenden Vorschläge sind also konsequenterweise Hypothesen unter vielen anderen, und es gibt weitere Herangehensweisen, in erster Linie medizinische. Kommen wir zurück zu unserer Suche nach der schmerzhaften Emotion, die möglicherweise die Ursache unserer Krankheit ist. Wenn Sie die Emotion, die ein Gesundheitsproblem verursacht hat, nicht finden können, können Sie mithilfe der Symbolik von Krankheiten Hinweise erhalten. Mehrere Bücher bieten eine Deutung häufiger Symptome an: *Metamedizin 2.0: Jedes Symptom ist eine Botschaft* von Claudia Rainville, *Mein Körper – Barometer der Seele* von Jacques Martel oder *Dis-moi où tu as mal, je te dirai pourquoi (Sag mir, wo es weh tut, und ich sage dir, weshalb)* von Michel Odoul.[3] Das sind nur ein paar Titel, aber diese Therapeuten oder Psychologen haben in mühevoller Kleinarbeit Beobachtungen und Recherchen angestellt, um zu versuchen, unsere verschiedenen Beschwerden in Verbindung mit ihren emotionalen Entsprechungen zu bringen. Diese Vorschläge basieren auf Statistiken – auf die gleiche Art und Weise, wie man Träume deuten kann, kann man dies auch bei Krankheiten tun –, dennoch ist es notwendig, zuallererst einen Arzt zu konsultieren. Unsere Herangehensweise darf also keinesfalls mit dem »Biologischen Dekodieren« verwechselt werden, das meistens das Absetzen jeglicher konventioneller Behandlungsformen empfiehlt.

Bei den folgenden symbolischen Entsprechungen konnte ich selbst die Korrelation zwischen Symptomen und Emotionen bei Personen in meinem Umfeld oder Teilnehmern meiner Workshops nachweisen. Diese Übereinstimmungen sind bedingt gültig, da sie empirisch auf Statistiken beruhen und de facto nicht als absolute Wahrheit dargestellt werden können. Es ist unmöglich, jede Krankheit mit einer einzigen emotionalen Geschichte in Verbindung zu bringen. Deswegen bitte ich Sie nachdrücklich, die folgenden Entsprechungen nicht als einengende Diagnose zu sehen. Es handelt sich vielmehr um Hinweise, die Sie bei Ihren Überlegungen unterstützen und auf die richtige Spur bringen können. Die richtige Bedeutung ist die, die eine Resonanz in uns auslöst. Wir können bereit sein, unsere Traumata anzusehen, wir können aber auch unser ganzes Leben lang *blind* dafür bleiben. Die Symbolik kann uns dabei helfen, den Schleier über dem zu lüften, was wir nicht sehen wollen.

- Eine **Allergie** kann durch eine Situation, eine Entscheidung oder eine Sachlage entstehen, die man nicht akzeptiert. Sie könnte in einer Zeit auftreten, in der eine vergangene, schwierige Situation wiederauflebt.

- Alles, was **Arme** und **Hände** betrifft, steht mit Aktion, dem Beruf und der Angst vor dem Handeln in Verbindung, mit dem Gefühl, sich wegen eines anderen in einer neuen Situation gefangen zu fühlen. Der **Ellbogen** kann die Angst vor den Folgen einer gewählten oder aufgezwungenen Richtungsänderung spiegeln. Starke **Schulterschmerzen** oder eine Entzündung der **Schultergelenkkapsel** können auf Groll oder Hass hinweisen, den man nicht verbalisieren kann: entweder, weil man sich vor der Person fürchtet, man Angst hat, dass die eigene Reaktion unverhältnismäßig sein könnte, oder, weil die Person verstorben, zu alt oder zu weit entfernt ist. Ein **Handgelenksbruch** kann mit dem Wunsch zusammenhängen, eine Tätigkeit zu beenden, die einem aufgezwungen wird oder die man sich selbst aufbürdet.
- **Arthrose**, **Rheuma** und **Gelenkentzündungen** können mit einer Selbstabwertung zusammenhängen, dem Gefühl, *nichts wert* zu sein, mit dem Zwang, nur nach den Vorstellungen anderer zu handeln anstatt nach eigenem Behagen (aus Angst zu missfallen), oder einem Schuldgefühl entsprechen, weil man sich darüber ärgert, dass andere nicht erraten, was man ihnen nicht gesagt hat.
- Ein **Bandscheibenvorfall** kann mit dem Gefühl zusammenhängen, unsere gesamte Familie oder unser Unternehmen nach Kräften zu unterstützen und dafür keine Anerkennung zu bekommen. Oder mit dem Gefühl, von

Schulden, Bürden oder einer Arbeit, die uns nicht mehr befriedigt, erdrückt zu werden.

- Eine **Blasenentzündung** tritt auf, wenn man in seinen Bedürfnissen nicht respektiert wird oder wenn man sich überrollt fühlt vom Verhalten oder den Fragen einer Person, mit der man arbeitet oder zusammenlebt und die in unser persönliches Territorium eindringt.
- **Degenerative Erkrankungen** wie **Alzheimer**, die durch die Anhäufung von im Gehirn gespeicherten Chemikalien oder Schwermetallen verstärkt werden, können begünstigt werden, wenn man die Last eines bedrückenden Geheimnisses in sich trägt, oder durch eine verdrängte Schuld, mit der man nicht fertigwird (für etwas, das man selbst oder jemand anderer getan hat, worüber man aber nichts gesagt hat), oder durch eine problematische Situation, für die man keine Lösung findet.
- **Durchfall** kann auftreten, wenn man sich von einer Situation (Partnerschaft, Familie, Beruf oder den Freundeskreis betreffend) abhängig fühlt, die einem unangenehm ist, wenn Ereignisse oder Sorgen zu viel Stress verursachen.
- **Endometriose** kann ein Ausdruck unserer Angst sein, ein Kind könne unser Leben auf den Kopf stellen. Vielleicht wurde uns (wiederholt) gesagt, dass ein Kind viele Sorgen mit sich bringt. Haben wir vielleicht unbewusst Angst davor, ein Kind zu verlieren (wie unsere Mutter, Tante oder Großmutter, die vielleicht Fehlgeburten erlitten haben) oder es allein großzuziehen (wie jemand aus unserer Familie, der darunter gelitten hat)?

- **Epilepsie** kann die Verzweiflung ausdrücken, dass wir unser Leben nicht nach unseren Vorstellungen gestalten können oder dass wir unfähig sind, eine wiederkehrende bedrückende oder konfliktreiche Situation zu vermeiden, in der wir das Gefühl haben, dass unser Überleben auf dem Spiel steht.
- **Fettleibigkeit** kann eine Art *Schutzpanzer* gegen wiederholte Angriffe (Demütigungen) sein oder dem Wunsch entsprechen, uns vor anderen oder dem Begehren anderer zu schützen. Sie kann die Scham ausdrücken, sich schwach zu fühlen, oder die Unmöglichkeit, seinen Platz zu finden (in der Familie, als man ein Kind war), die Gewissheit, nichts wert zu sein, das Unvermögen, eine Situation zu verändern, oder die Angst vor Einsamkeit. **Diabetes** hängt mit der Traurigkeit über ständige Entwertungen (auch durch sich selbst) zusammen und mit fehlender Anerkennung von den Menschen, die wir lieben (manchmal, weil sie gestorben sind). **Bulimie** ist ein Weg, sich selbst aufgrund eigener Schuldgefühle zu bestrafen, zum Beispiel weil man auf eine Aggression nicht reagiert hat (für die wir aber nicht die Schuld tragen!), oder sie ist ein Ausgleichsmittel für eine aufgrund eines Traumas verloren gegangene Energie.
- **Fieber** kann durch Wut auf eine Person oder auf sich selbst entstehen, nach einem Streit oder Vorwürfen.
- **Grauer Star** kann mit einer Situation zusammenhängen, die eine große Traurigkeit ausgelöst hat, die man sich nicht eingestehen will und mit heftiger Wut überspielt hat.

- Eine **Halsentzündung** wird mit der Angst in Verbindung gebracht, zu viel zu sagen oder Dinge gesagt zu haben, die man nicht wollte, oder mit unserer Angst vor der Reaktion unseres Gegenübers, wenn wir unsere Gefühle ausdrücken.
- **Hautprobleme (Ekzem, Ausschlag, Juckreiz)** können sichtbar machen, dass man unter einer aufgezwungenen Einsamkeit leidet, dass man das Gefühl hat, Opfer einer Trennung zu sein (Abwesenheit einer wichtigen Person in der frühen Kindheit, Scheidung, Verlust eines geliebten Menschen, Geburt eines Geschwisterchens). Sie können ausgelöst werden durch die Ablehnung einer Situation, die uns aus der Haut fahren lässt, ganz gleich, ob wir sie nun verursacht haben oder nicht, durch den Verdruss darüber, dass wir jemandem nicht helfen können.
- **Psoriasis** entspricht einer doppelten Wunde des Verlassenwerdens (zum Beispiel eine Scheidung, gefolgt vom Tod eines nahestehenden Menschen oder der Verlust der Mobilität, gefolgt von einer Kündigung).
- **Heiserkeit** kann man auf nicht ausgedrückte Wut, Angst oder Traurigkeit zurückführen.
- **Herpes** kann durch Frustration ausgelöst werden. Man fühlt sich unverstanden.
- Probleme mit der **Hüfte**, dem **Ischiasnerv** oder den **Beinen** können mit Unsicherheit oder Zukunftsängsten zusammenhängen, nachdem eine neue, stressige Situation aufgetreten ist (ein wichtiges Meeting, ein Umzug, der Tod eines nahestehenden Menschen, Arbeitsplatzverlust, Ruhestand, Trennung), aber auch nach einem radikalen

Richtungswechsel oder weil man Risiken eingegangen ist (finanzielle oder das Liebesleben betreffend). Ganz allgemein geht es um eine tiefsitzende Angst, vorwärtszugehen und in die Zukunft zu blicken.

- **Karpaltunnelschmerzen** an einem der Handgelenke deutet darauf hin, dass man sich gerne weigern würde, die Befehle auszuüben, die einem gegeben werden, weil sie gegen die eigenen Bedürfnisse verstoßen. Man schafft es nicht, sich den Entscheidungen oder Anweisungen einer Person zu widersetzen. Will man dies oder jenes wirklich tun?
- **Knieprobleme** können aufkommen, wenn man es satthat, auf die Ratschläge seiner Mitmenschen zu hören und sich erklären zu lassen, was für einen gut ist. Sie stehen in Zusammenhang mit der Unfähigkeit, sich den Argumenten anderer zu beugen, weil man nicht zugeben will, dass sie Recht haben, oder weil man sich in der Vergangenheit zu sehr hat vorschreiben lassen, wie man sich zu verhalten hat.
- **Krebs** kann so viele Organe betreffen, von der Haut über die Lunge bis hin zum Magen, dass es schwierig ist, eine allgemeine emotionale Übereinstimmung herzustellen, zumal chemische Schadstoffe, Pestizide, hormonaktive Substanzen und Schwermetalle erheblich auf die Schwächung des Organismus einwirken. Emotional gesehen kann Krebs auf ein Gefühl der Ohnmacht hindeuten, auf Gewissensbisse wegen einer Situation, in der man sich schuldig fühlt. Er kann aber auch durch ein emotionales Trauma ausgelöst werden oder durch das Bewusst-

sein, dass man sein Leben in einem bestimmten Bereich radikal ändern sollte, sich jedoch weigert, auf sich selbst zu hören. Dr. Bach, der noch sechzehn Jahre lebte, nachdem er die Diagnose »unheilbarer Krebs mit zwei Monaten Lebenserwartung« bekam, erklärte, dass Krebs dann auftrete, wenn »unser Alltag nicht mit unseren tiefsten Sehnsüchten übereinstimmt«. Unser Unterbewusstsein sagt uns, dass wir etwas Wesentliches in unserem Leben, unserer Denkweise, unserer Umgebung ändern müssen und uns vielleicht sogar von einer rationalen Denkweise lösen sollten.

- **Lungenerkrankungen (Bronchitis, Lungenentzündung)** können einer Form von Entmutigung entsprechen, einer großen Traurigkeit, die mit Schuldgefühlen einhergeht (Angst zu stören), der Angst, ein Hindernis nicht überwinden zu können, der Schwierigkeit, dem Leben gelassen entgegenzusehen, nachdem ein Ereignis unseren Platz in der Familie oder in der Gesellschaft infrage gestellt hat. Bei einem Kind können Lungenerkrankungen auftreten, wenn es spürt, dass es stört.
- **Magersucht** ist bezeichnend für ein lebenswichtiges Bedürfnis nach Sicherheit, indem man kontrolliert, was man isst, um große Enttäuschungen in der Liebe und im Leben im Allgemeinen zu überwinden. Sie kann also nach dem Tod einer nahestehenden Person oder nach einer Scheidung ausbrechen, aber auch, wenn uns eine Autoritätsfigur enttäuscht.
- **Migräne** kann mit dem Gefühl verbunden sein, eine Bedrohung wiederholt zu erleben und sich nicht mehr si-

cher zu fühlen. **Kopfschmerzen** geben einen Hinweis auf ein Unsicherheitsgefühl, auf die Schwierigkeit, ein Trauma, eine bestimmte Angst, eine Sorge oder ständige Anspannung zum Ausdruck zu bringen, wenn man unter Einfluss von jemandem steht oder in einer Form der Unterwerfung lebt. Kopfschmerzen können auch auftreten, wenn man sich fehl am Platz fühlt.

- Eine **Mittelohrentzündung** entspricht dem Wunsch, dass wir Dinge, die uns traurig oder wütend machen, nicht mehr hören wollen, zum Beispiel Kritik, Streit oder Vorwürfe.
- Ein eingewachsener **Nagel** weist auf Schuldgefühle oder die Angst hin, eine falsche Entscheidung in Bezug auf unsere Zukunft getroffen zu haben.
- **Prostataerkrankungen** können mit negativen Gedanken oder mit Schuldgefühlen zusammenhängen, die man gegenüber Frauen oder einer bestimmten Frau hegt, oder mit der Beeinträchtigung der eigenen Autorität oder seines Wertes als Mann.
- **Rückenbeschwerden** deuten auf den Wunsch nach Schutz und Unterstützung oder auf die Tatsache, dass man sich selbst eine zu große Last auferlegt (beruflich, finanziell oder familiär), ohne dafür Anerkennung zu erhalten, auf den Wunsch, anderen zu helfen, bevor man an sich selbst denkt, die Angst, nicht zu gefallen, auf Schuldgefühle oder auf einen schweren Schlag, den man nicht hat kommen sehen (auf den Rücken). **Skoliose** kann mit dem Gefühl zusammenhängen, als Geisel zwischen zwei unmöglichen Entscheidungen gefangen zu sein (zum Bei-

spiel zwischen Vater und Mutter bei einer Scheidung), oder dem Gefühl, angesichts einer übermächtigen Autoritätsperson nicht zu existieren.

- **Schilddrüsenprobleme** können damit zusammenhängen, dass man Schwierigkeiten hat, sich anderen gegenüber auszudrücken, dass man das Gefühl hat, nicht gehört zu werden oder dass man Angst hat, man selbst zu sein, wenn man mit anderen zusammen ist.
- Ein **Schlaganfall** kann nach einem emotionalen Trauma ausgelöst werden, das mit dem Verlust (oder der Angst vor dem Verlust) von etwas für uns Lebenswichtigem verbunden ist: das Sorgerecht für ein Kind, der Konkurs eines Unternehmens, das Ende einer Arbeit, die bevorstehende Pensionierung, eine Trennung, die man nicht hat kommen sehen, ein Haus, aus dem man vertrieben wird, der plötzliche Tod eines geliebten Menschen …
- **Schnupfen** kann mit einer Situation zusammenhängen (in der Familie, in Beziehungen oder im Beruf), die man nicht versteht und die einen längerfristig verwirrt.
- **Selbstverletzendes Verhalten** entspricht dem Gefühl, dass man im Vergleich zu den Menschen um einen herum nichts wert ist, oder dem Gefühl, dass man nie das Niveau erreichen kann, das von einem erwartet wird.
- **Tinnitus** könnte darauf zurückzuführen sein, dass wir uns im Berufs- oder Familienleben zu sehr unter Druck setzen und nicht auf unsere Bedürfnisse hören.
- Ein **Unfall**, sich stoßen (blaue Flecken), ein **Knochenbruch** (auch wenn er minimal ist, zum Beispiel bei einem Zeh) sind Ausdruck einer Zukunftsangst vor einer mögli-

chen großen Veränderung in unserem Leben. Der obere Bereich (Arme, Schultern, Schlüsselbein, Ellbogen) steht dabei in Verbindung mit der Arbeit. Der untere Bereich (Bein, Fuß, Hüfte, Knöchel) bezieht sich auf den allgemeinen Lebensbereich (Familie, Zukunft, Lebensraum). Ein Unfall könnte ebenfalls in Verbindung mit Selbstvorwürfen und Schuldgefühlen stehen oder der Tatsache, dass man mit einer Tätigkeit nicht aufhören kann, obwohl man weiß, dass sie einem schadet, zum Beispiel eine Arbeit, eine Sucht, die Weigerung, sich auszuruhen, oder exzessives Computer- oder Videospielen.

- Eine **Venenentzündung** kann mit einer Anhäufung von Ärgernissen und Desillusionierungen zusammenhängen oder der Tatsache, dass man sich dem Glück lieber versagt, als das Risiko einzugehen, wieder enttäuscht zu werden.
- **Verstopfung** kann daher rühren, dass man im Beruf und innerhalb der Familie alles unter Kontrolle haben will und sich weigert, zu delegieren oder sich auszuruhen, oder dass man sich in seinen Äußerungen oder seinem Verhalten zu sehr zurückhält.
- **Zahnprobleme** hängen mit der Angst zusammen, die Folgen einer Entscheidung, die man getroffen hat, nicht tragen zu können, mit der Angst, einer Aufgabe, die man sich gestellt hat, nicht gewachsen zu sein, oder dem Verlust des Selbstvertrauens. Rasende Zahnschmerzen können rasender Wut entsprechen, weil man das Gefühl hat, reingelegt worden zu sein.

- *Wenn Sie unter Schnupfen, Heiserkeit oder einer Entzündung am Ellbogen leiden, sagen Sie von nun an nicht mehr »Ich habe mich erkältet …«, »Ich habe zu viel geredet …«, »Ich habe etwas Schweres getragen …«. Haben Sie vielmehr den Reflex, sich folgende Fragen zu stellen: »Wen habe ich am Vortag oder ein paar Tage zuvor gesehen? Was habe ich erlebt? Welche Situation hat mich verärgert? Welche emotionale Wunde ist im Spiel?« Wenn der Zusammenhang zwischen Ursache und Wirkung nicht klar ist, können Sie die Symbolik der Krankheit heranziehen, um Ihnen zu helfen, die Augen für das zu öffnen, was Ihr Körper nur schwer sagen kann. Manchmal drücken sich energetische Knoten in Form von Krankheiten aus, aber sie können sich auch in Lebensprüfungen offenbaren. Es kommt auch vor, dass Prüfungen und Krankheiten gleichzeitig auftreten.*

Die Entwicklung unserer Symptome spiegelt unseren emotionalen Zustand besonders gut wider. Ein Beispiel: Lucas, ein Nachbarsjunge, dessen Eltern geschieden sind, lebt hauptsächlich bei seiner Mutter. Wenn das Kind seinen Vater besucht, wird es von ihm schikaniert, denn das ist die einzige Möglichkeit, die der Mann gefunden hat, um seine Ex-Frau zu verletzen. Das Kind kehrt immer wieder mit **Magen-Darm-Problemen** zurück, ein offensichtlicher Ausdruck von Schuldgefühlen und Wut auf sich selbst, weil es ihm nicht gelingt, auf seinen Vater zu reagieren. Als er älter wird, kann sich Lucas nach und nach gegen die Autorität seines Vaters behaupten. Dieser ist nun zwar weniger hart, hört aber nicht auf, seinen Sohn in scherzhaftem Ton zu erniedrigen. Nun hat Lucas jedes Mal, nachdem er bei seinem Vater war, einen **Schnupfen**, was auf große Verwirrung hindeutet. Klar, denn der junge Mann kann das Verhalten seines Vaters nicht verstehen.

Ein anderes Beispiel zeigt klar und deutlich, wie unsere Emotionen mit unseren Krankheiten in Wechselwirkung stehen. Michel ist 65 Jahre alt, gibt Malkurse und lebt mit seiner Frau in Paris, während die Töchter in Südfrankreich wohnen. Im Winter leidet seine Frau zum ersten Mal in ihrem Leben an einer schweren Bronchitis. Die lange Trennung von ihren Töchtern hat sich auf ihre Psyche ausgewirkt. Ihre Töchter bestehen nun darauf, dass die Eltern in ihre Nähe ziehen, mit dem üblichen Argument, auf diese Weise der Luftverschmutzung der Großstadt zu entgehen. Doch für Michel ist es unvorstellbar, auf seine Schüler zu verzichten. Und schon leidet er an **Knieschmerzen**. Die Symbolik dieses Symptoms deutet darauf hin, dass Michel wahrscheinlich keine Lust hat, sich den Argumenten seiner Töchter zu beugen. Er sucht seinen Arzt auf, der für den Herbst einen chirurgischen Eingriff plant. Nach mehreren Reisen in den Süden lässt sich Michel von einem Umzug überzeugen. Jetzt hat er nur noch Schmerzen in der **Hüfte**. Schmerzen in diesem Bereich deuten auf die Angst hin, sich auf eine neue Situation einzulassen. Im Oktober will sein Arzt ihn wie geplant am Knie operieren, doch die neuen Röntgenaufnahmen zeigen, dass sich das Problem tatsächlich verschoben hat. Wenn wir mit Aufmerksamkeit jede Krankheit als Alarmsignal unserer emotionalen Gesundheit betrachten, können wir uns viele Unannehmlichkeiten ersparen.

- *Solange wir nicht persönlich an unseren Emotionen und unserer Beziehung zu anderen arbeiten, drückt unser Körper unser Unwohlsein durch Krankheiten aus, die sich weiterentwickeln. Sich eines Zusammenhanges zwischen Emotionen und Symptomen bewusst zu werden, ist einer der Schritte, die zur Heilung führen.*

6. KAPITEL

Sie selbst und Ihre Macht, alles zu verändern

Wie wäre es, wenn Sie sich auf eine Entdeckungsreise zu Ihren inneren Kräften begeben würden? Es ist an der Zeit, sich wieder mit dem zu verbinden, was Sie vergessen haben: dieser Energie, die die Immunität Ihrer Zellen stimulieren kann. Was Sie bisher vernachlässigt haben, werden Sie nun zurückerobern: die unendliche Kraft, die in Ihnen existiert.

DIE LÖSUNG LIEGT IN IHNEN

Bis jetzt hatten Sie den Reflex, Ihre gesundheitlichen Sorgen »loszuwerden«, indem Sie sie einem Spezialisten anvertrauten. Mit meinem doppelten Bandscheibenvorfall machte ich keine Ausnahme von dieser Regel. Ich wandte mich an einen Arzt, der mithilfe einer MRT die Probleme meiner Wirbelsäule diagnostizierte. Er verschrieb mir ein Muskelrelaxans und starke Entzündungshemmer, gepaart mit anderen Medikamenten, um die Nebenwirkungen der ersten beiden aufzuheben. Die Rückenschmerzen ließen etwas nach. Nachts konnte ich mich zwar ausruhen, aber tagsüber ging die Tortur weiter, und ich konnte weder Auto fahren noch arbeiten, weil Sitzen eine Qual war. Hätten die Schmerzen damals aufgehört, wäre ich dem Problem sicher nicht weiter nachgegangen und hätte vielleicht ein Jahr später einen weiteren Bandscheibenvorfall gehabt.

Nun, da ich dank meiner Medikamente weniger litt, war mir völlig bewusst, dass meine Krankheit der Ausdruck einer alten Emotion war, die den Energiefluss in meinem Körper behinderte. Deshalb wandte ich mich an einen Akupunkteur, um meine Energieknoten zu lösen. Er setzte seine Nadeln an den entsprechenden Stellen ein, und die Schmerzen ließen etwas weiter nach. Zwei Wochen später ging ich zu einem Magnetiseur, der mir wirklich sehr geholfen hat. Der Schmerz wurde erträglich, und ich konnte die Medikamente absetzen, wie der Arzt es mir empfohlen hatte.

Da ich noch immer beeinträchtigt war (in gewisser Hinsicht zum Glück), beschloss ich, an den emotionalen Ursachen der **Rückenschmerzen** zu arbeiten. Ich war fest entschlossen, ihnen den Garaus zu machen. Ich suchte einen Therapeuten auf, der mir dabei half herauszufinden, was mich so »krummlegte«. Diesen Ansatz führte ich dann mit EFT-Sitzungen (Emotional Freedom Technique) weiter, einer Technik, die bestimmte Emotionen löst, indem man die in der Chinesischen Medizin beschriebenen Meridiane stimuliert und gleichzeitig befreiende Sätze ausspricht, die mit unseren Verletzungen in Verbindung stehen. Nach meiner vierten Sitzung waren die Schmerzen weg. Im Endeffekt hat es zwei Monate gebraucht, bis der doppelte Bandscheibenvorfall geheilt war, ohne Operation. Was für ein Segen, morgens ohne Verspannungen oder Schmerzen aufzustehen, doch das war nichts im Vergleich zur Freude, zum ersten Mal wirklich den *Botschaften* meines Körpers *zugehört* zu haben.

Was konnte ich aus dieser Erfahrung lernen? Die Lösung lag im Umgang mit der Energie in meinem Körper und den Worten, die ich während der EFT-Sitzungen ausgesprochen hatte. Mein rationaler Verstand wollte verstehen, was diese Energie konkret war und weshalb diese Sätze, die mit meiner Wunde in Verbindung standen, so wirksam waren, um die letzten Schmerzen zu beseitigen.

Während eines Interviews mit verschiedenen Physikern ergab alles einen Sinn. Sie erklärten mir, dass unser Körper aus Milliarden und Abermilliarden von Molekülen besteht, wobei ein Molekül aus mehreren Atomen aufgebaut ist. Und ein Atom wiederum besteht zu 0,0001 Prozent aus Materie (dem Kern und den Elektronen) und zu 99,9999 Prozent aus Vakuum. Laut Quantenphysik ist dieses Vakuum jedoch keine Leere, sondern mit **Energie** und **Information** gefüllt.

Das war eine Offenbarung für mich! Unser Körper besteht also aus fast hundertmal mehr Energie und Information als aus Materie. (Wenn wir uns auf die zwei Dezimalstellen beschränken, aber wenn wir die Nachkommastellen berücksichtigen, ist es in Wirklichkeit eine Million Mal mehr.) Folglich ist es mathematisch gesehen ein Fehler, sich darauf zu beschränken, nur den greifbaren und sichtbaren Teil unseres Körpers (die 0,0001 Prozent Materie) zu behandeln, ohne die Energie und emotionale Information, aus denen wir zu 99,9999 Prozent bestehen, zu beachten.

- *Sobald eine Krankheit ausgebrochen ist, wenden Sie sich an Ärzte, um eine Verschlimmerung zu verhindern. Um eine langfristige Heilung zu erhalten, sollten Sie die ärztliche Verordnung durch Therapien und/oder Protokolle ergänzen, die gesprochene Rituale (mit viel* ***Information****) und Ihre Überzeugungskraft (mit viel* ***Energie*** *ausgesprochen) verwenden. Denn diese Information und Energie machen 99 Prozent unseres Körpers aus, sie sind also sehr wirksam, vergessen Sie das nicht.*

DIE VERBINDUNG ZWISCHEN KÖRPER UND ENERGIE

Diese Beziehung unseres Körpers zur Energie wird mir von dem Arzt und Akupunkteur Robert Corvisier[4] auf sehr anschauliche Weise bestätigt, und zwar anhand einer Situation, die wir alle schon einmal erlebt haben. Wenn wir unter großem Stress stehen, kommt es vor, dass wir **Durchfall** bekommen. Weshalb passiert das fast automatisch? Corvisier, ein Experte für chinesische Medizin, erklärt, dass Stress eine große Hitze im Körper erzeugt. Angesichts dieses plötzlichen Energieanstiegs tut der Körper, was er kann, um das Temperaturgleichgewicht wiederherzustellen. Er leitet also die überschüssige Hitze über den Verdauungstrakt ab, was zu Durchfall führt. Diese Unannehmlichkeit, die wir natürlich unterbinden möchten, ist jedoch bei Stress die einzige Möglichkeit, uns von überschüssiger Energie zu befreien, es ist eine spontane Entlastung.

Wenn wir versuchen, der Ursache für diesen Stress auf den Grund zu gehen, kann man unterschiedliche auslösende Emotionen erkennen: Sie stehen in Verbindung mit Traurigkeit (wirkt sich auf die Lunge aus), mit Wut (betrifft die Leber), mit Verpflichtungen oder Sorgen (beeinträchtigen Magen oder Milz) und mit Ängsten (sensibilisieren die Nieren). Wenn also die Ursache je nach Person und Situation unterschiedlich ist, ist es dann normal, alle mit dem gleichen Medikament gegen Durchfall zu behandeln? Es ist zwar aus klinischer Sicht manchmal unerlässlich, um das Risiko einer Dehydrierung (vor allem bei Kindern) zu vermeiden, aber ist dieses Medikament auch in der Lage, das Stressproblem zu lösen und zu verhindern, dass es später wieder Durchfall auslöst? Und wenn wir diesen Regulierungsprozess unterbinden, wie können wir dann die überschüssige Energie ableiten?

Blicken wir gemeinsam auf eine persönliche Erfahrung zurück, um das besser zu verstehen. Vor über zwanzig Jahren war ich bei einer Produktionsfirma angestellt, um Konzepte ausländischer Spielshows zu adaptieren. Die Leiterin der Unterhaltungsabteilung war ein Drache. Waren die Einschaltquoten gut, hatten wir es ihrem Genie zu verdanken, wenn nicht, dann war es meine Schuld. Fünf- bis sechsmal die Woche musste ich wegen Durchfallattacken fluchtartig eine Toilette aufsuchen.

Ich hatte damals einen Arzt aufgesucht, um dieses lästige Problem zu lösen. (Die Anfälle traten mitten in irgendwelchen Sitzungen auf, und ich hätte mir den Lageplan aller Toiletten des riesigen Fernsehzentrums auf den Körper tätowieren müssen.) Doch die Medikamente halfen nicht gegen den Durchfall. Dann hörte es plötzlich auf … *ganz zufällig* an dem Tag, an dem ich kündigte. Stress und Durchfall waren tatsächlich miteinander verbunden.

Heute würde ich anders vorgehen und die Schritte befolgen, die wir besprochen haben. Ich wäre aufmerksam gegenüber der Reaktion meines Körpers und würde als Erstes versuchen, einen Zusammenhang zwischen dem Durchfall und dessen Ursache zu erkennen. Ich würde herausfinden, welche Seelenwunde hier im Spiel ist, dann die Situation entschärfen, indem ich sie als Herausforderung und Erfahrungsquelle zu betrachten versuche. Es wäre damals optimal gewesen, wenn ich verstanden hätte, dass meine Vorgesetzte die gleiche Wunde hatte wie ich und dass wir uns *unbewusst und gegen unseren Willen* dabei halfen, uns den größten Herausforderungen unserer Seele zu stellen. So hätte ich ihre Kritik an mir mit Gelassenheit ertragen und ihr dafür nicht durch meine Kündigung ebenfalls eine Herausforderung aufgebürdet. Wenn ich die Prozesse verstanden hätte, die hier am Werk waren, wäre mein Körper nicht diesem Stress ausgesetzt gewesen, und die Aktien der Toilettenpapierhersteller wären nicht in die Höhe geschossen.

- *Wenn Sie gesundheitliche Beschwerden haben, ändern Sie den Fokus! Vergessen Sie die Materie. Wir bestehen zum größten Teil aus etwas, das nicht greifbar und nicht sichtbar ist: Energie und Information. Unser Organismus trägt eine Kraft in sich, die wir uns kaum vorstellen können. Wenn wir das Leben aus dieser Perspektive betrachten, ermöglichen wir unserem Körper, sich selbst zu heilen.*

7. KAPITEL

Selbstheilung

Bei meinen weiteren Nachforschungen stellte ich fest, dass Beschwerden manchmal wie durch Magie verschwinden, nachdem man einen Termin bei einem Arzt vereinbart hat, und zwar einfach deswegen, weil man davon überzeugt ist, dass er helfen wird. Wie viele von uns sind schon zum Zahnarzt oder einem anderen Arzt gekommen und haben festgestellt: »Hier tat es weh, aber jetzt nicht mehr«? Anderen geht es besser, sobald sie die Arztpraxis verlassen haben, noch bevor sie die Medikamente kaufen: »Ich hatte solche Angst, dass es etwas Schlimmes sein könnte, der Arzt hat mich beruhigt, und erstaunlicherweise spüre ich keine Schmerzen mehr.« Klar, was kann schon erfreulicher sein als ein Arzt, der einem sagt, dass man gesund ist! Also erlauben wir uns, uns besser zu fühlen. Das ist ein Beweis für die außergewöhnliche Macht unseres Verstandes und die Kraft der Selbstheilung. Nun beschäftigt mich eine Frage: Ist dieser Verstand, der uns ständig die Wahrheit verschleiert, unser Verbündeter geworden? Warum werden manche Menschen gesund und andere nicht? Was, wenn das alles an unserer Geisteshaltung liegt?

DIE MACHT DES VERSTANDES

Meine Theorie darüber entstand, als ich auf drei persönliche Erfahrungen zurückblickte. Als ich siebzehn war, wuchs an meiner Handinnenfläche eine **Warze**. Als Kind hatte ich bereits ein riesiges Exemplar auf der Fußsohle gehabt, und ich konnte mich noch gut an die Schmerzen nach der Operation erinnern. Daher lehnte ich einen weiteren chirurgischen Eingriff ab … Die Warze aber wurde Woche für Woche größer, und nach einem Jahr wurde sie wirklich unansehnlich.

Seltsamerweise kam mir jedes Mal, wenn ich den Knubbel betrachtete, das Wort *Schuld* in den Sinn. Ich überlegte, wann dieses Schuldgefühl aufgetaucht war, und stellte fest, dass es der Moment war, als ich mich auf unschöne Weise von meinem Freund getrennt hatte. Irgendwann später starrte ich dieses hässliche Ding auf meiner Hand an und sagte intuitiv: »Hör mal, Warze, ich weiß, dass du da bist, weil ich mich nicht anständig benommen habe, als ich ihn verlassen habe. Ja, ich fühle mich schuldig, weil ich so knallhart Schluss gemacht habe, aber mir fehlte die Erfahrung, und jetzt habe ich es verstanden. Ich schließe jetzt meine Hand und werde dich drei Tage lang nicht mehr anschauen. Wenn ich dich dann wieder ansehe, wirst du verschwunden sein.« Ich zwang mich also, meine Handfläche drei Tage lang nicht zu beobachten. (Ich hätte auch zwei oder vier Tage sagen können, das spielt keine Rolle.) Ich schaffte es sogar, sie zu vergessen! Was für eine Überraschung war das, als ich nach 72 Stunden feststellte, dass da auf meiner Handfläche nichts mehr war. Das klingt unglaubwürdig – ich gebe zu, man muss es selbst erlebt haben, um es zu glauben –, aber ich habe nie vergessen, wie verblüfft ich war, als ich auf meine glatte Haut sah.

Zwei Jahre später lernte ich einen Mann kennen, der alle Kriterien erfüllte, die ich *unbewusst* aufgestellt hatte, um ihn liebenswert zu finden. Das Problem war nur, dass wir uns nie einig waren. Ein Glück, auch wenn ich das damals noch nicht wusste. Jedes Mal, wenn wir uns stritten, bekam ich eine **Blasenentzündung**. Das wiederholte sich so oft, dass es nicht zu übersehen war: ein heftiger Streit, dann die **Entzündung**. Für mich war es also völlig klar, dass das nichts mit Bakterien zu tun, sondern psychosomatische Ursachen hatte. Da die Blasenentzündungen eine Reaktion auf unsere Streitereien waren, konnte ich mich dafür entscheiden, unsere Differenzen anders auszuleben. Also gab ich mir ein laut ausgesprochenes Versprechen: »Von jetzt an werde ich nie wieder eine Blasenentzündung haben.« In unserer Familie haben schon immer viele darunter gelitten, aber ich bin nun die Einzige, die davon befreit ist.

Die Erfahrung der beginnenden **Wechseljahre** hat ebenfalls meine Sichtweise verändert. Meine Freundinnen klagten oft über Hitzewallungen, Reizbarkeit und Gewichtszunahme. Auch ich hatte diese Symptome. Als ich die verschiedenen Bücher über die Symbolik von Krankheiten las, erfuhr ich, dass es sich dabei um Überzeugungen handelt, die man als selbstverständlich hinnimmt. Ich brauchte also nur zu beschließen, mich nicht davon beeinflussen zu lassen. Doch mein Verstand und seine Armee von Zweifeln sagten mir, dass das ein hoffnungsloses Unterfangen sei, da sich diese Beschwerden bereits seit mehreren Monaten bemerkbar machten. Dann erinnerte ich mich an die Erfahrungen mit der Warze und der Blasenentzündung. Also sagte ich meinem Körper laut und deutlich, mit Kraft und Überzeugung: »Du bist stark genug, dich nach schwierigen Ereignissen wiederaufzurichten, also bist du auch stark genug, mich nicht mit Hitzewallungen, Reizbarkeit und Gewichtszunahme zu belästigen.« Die Symptome verschwanden innerhalb weniger Tage für immer!

MIT DEM KÖRPER KOMMUNIZIEREN

Wie Sie bemerkt haben, geht es darum, laut zu sich selbst zu sprechen. Mit Ihrem Körper zu reden erscheint Ihnen schwierig? Keine Sorge, Sie tun es bereits, ohne es zu merken. Haben Sie sich selbst nie Dinge gesagt wie »Ich habe genug von diesem schmerzenden Rücken« oder »Ich weiß nicht mehr weiter mit diesen Beinen, die sich weigern, sich zu bewegen« oder auch »Ich ertrage diesen dicken Bauch nicht mehr«, »Meine Haare nerven«, »Ich sehe schlecht aus«, »Ich mag meine Gesichtshaut nicht« oder »Verfluchter schmerzender Ellbogen«? Unbewusst sprechen Sie mit Ihrem Körper.

Allerdings würde uns nicht einfallen zu sagen: »Danke, lieber Rücken, ich habe verstanden, wo das Problem liegt.« Ich habe einmal eine **übergewichtige** Person darauf aufmerksam gemacht, dass sie ihre Mitmenschen immer mit den Worten kritisiert: »Ich habe sie alle so satt.« Ebenso wies ich einen Mann, der mir von seinem Reizmagen und ständigen Magen-

Darm-Infekten erzählte, darauf hin, dass er seine Sätze immer mit dem Zusatz »Das kotzt mich an« beendete. Andere Ausdrücke wie »Ich habe die Nase voll«, »Das geht mir an die Nieren«, »Mir geht die Galle über«, »Das geht mir unter die Haut« sind allesamt Botschaften an unseren Körper. Achten wir darauf, wie wir uns in Gegenwart unseres Körpers ausdrücken, und arbeiten wir von nun an Hand in Hand mit ihm zusammen.

Warum wirkt sich die Art und Weise, wie wir mit unserem Körper sprechen, auf unsere Genesung aus? Welcher Prozess ist dabei am Werk? Eine Erklärung dafür finde ich in der Wissenschaft. Giacomo Rizzolatti, ein italienischer Neurophysiologe, Professor und Leiter der Abteilung für Neurowissenschaften an der medizinischen Fakultät der Universität Parma, hat in den 1990er-Jahren nachgewiesen, dass es in unserem Gehirn Spiegelneuronen gibt. Diese Neuronen ermöglichen dem Säugling, eine nie gelernte Geste nachzuahmen. Die andere Eigenschaft dieser Spiegelneuronen, und die interessiert uns hier, besteht darin, dass sie unser Gehirn glauben lassen, eine fiktive Situation, die wir uns als real vorstellen … sei tatsächlich real. Wenn ich zum Beispiel ein Glas Wasser trinke, werden bestimmte Bereiche meines Gehirns aktiviert. Wenn ich nur so tue, als würde ich ein Glas Wasser trinken, und dabei überzeugt bin, eine Flüssigkeit zu schlucken, wird dieselbe Region des Gehirns aktiv. Das gilt sogar für eine weitere Person, die glaubt, dass ich trinke. Seine Studie, die 2010 von anderen Forschern bestätigt wurde, zeigt also, dass diese Spiegelneuronen die Wahrnehmung der Realität beeinflussen. Unser

Gehirn unterscheidet demnach nicht zwischen einer erlebten Handlung und einer Handlung, die man sich lediglich als real vorstellt.

Um sich davon zu überzeugen, machen Sie folgendes Experiment: Stellen Sie sich vor, eine kleine Kugel aus Alufolie zu formen, die Sie zwischen Ihren Fingern rollen. Legen Sie sie dann in Ihren Mund, zwischen Ihre Backenzähne, und pressen Sie die Zähne fest zusammen. Sehen Sie? Sie spüren sofort einen Schauer oder ein Unbehagen, als ob die Alukugel tatsächlich zwischen Ihren Zähnen stecken würde … Und doch haben Sie es sich nur vorgestellt. Noch überzeugender: Vielleicht haben Sie dieses unangenehme Gefühl schon beim bloßen Lesen dieser Zeilen wahrgenommen. Das ist die Macht der Spiegelneuronen.

- *Wenn Sie sich eine Situation als real vorstellen, wird sie von Ihrem Gehirn auch als real angenommen. So kommt die Macht der Intention voll zum Tragen. Erinnern Sie sich: Ihr Körper besteht zu 0,0001 Prozent aus Materie und zu 99,9999 Prozent aus Energie und Information.* ***Die Macht der Intention*** *bedeutet, jedem Quäntchen Energie in den Atomen Ihrer Zellen eine klare Information zukommen zu lassen:* ***»Auf diese Weise werde ich heilen.«***

Protokoll 3
Sich selbst heilen

1. Sie sind krank? Das ist eine Gelegenheit, etwas Wesentliches zu verstehen: Ihr Körper sendet Ihnen mittels eines Symptoms eine Botschaft. Es liegt an Ihnen, die Bedeutung dieses Unwohlseins herauszufinden.
2. Suchen Sie nach dem emotionalen Ereignis, das die Krankheit ausgelöst hat. Wenn Ihnen das nicht gelingt, stellen Sie sich die Fragen auf Seite 59 (»Das auslösende Ereignis finden«). Wenn Sie keine Antwort finden oder nach weiteren Hinweisen suchen, schlagen Sie bei der Symbolik der Krankheiten im 5. Kapitel nach.
3. Sprechen Sie mit Ihrem Körper. Drücken Sie laut Ihre Entschlossenheit aus, gesund zu werden, und danken Sie ihm für die Botschaft: **»Danke, lieber Körper, ich habe verstanden, dass diese Krankheit ...** (benennen Sie sie) **mit der Wunde ...** (benennen Sie auch diese) **oder dem Erleiden von ...** (benennen Sie das schmerzhafte Ereignis) **in Verbindung steht. Du kannst die Symptome nun einstellen, denn ich werde Protokolle durchführen, um mich zu befreien.«** Sprechen Sie auf diese Weise jeden Tag mehrmals täglich mit Ihrem Körper (aber machen Sie sich keinen Druck), bis das Sym-

ptom verschwunden ist. Es gibt keine Beschränkungen oder Kontraindikationen.

4. Halten Sie Ihr Versprechen! Führen Sie die folgenden Protokolle 5, 6, 7 und 8 durch. Und zögern Sie nicht, sich an einen Therapeuten zu wenden, der Sie bei dieser Befreiung begleitet.

Diese vier Schritte haben bei einem Freund perfekt funktioniert, der eines Morgens mit starken **Zahnschmerzen** aufwachte. Trotz der Einnahme von Schmerzmitteln ließen sie nicht nach, waren sogar so heftig, dass ihm davon übel wurde. Sieht man sich die Symbolik von Zahnschmerzen an, können sie bedeuten, dass man sich einer Aufgabe, die man sich gestellt hat, nicht gewachsen fühlt. Er bereitete damals eine Fotoausstellung vor und hatte sich in den letzten zwei Wochen alte, längst aussortierte Bilder angesehen, um sicherzugehen, dass nicht doch ein geeignetes dabei war. Ich fragte ihn, ob sein Körper vielleicht etwas ausdrückte, was er sich nicht eingestehen wollte: Hatte er Angst, nicht genug Material für seine Ausstellung zu haben? Verblüfft bestätigte er meine Vermutung. Ich forderte ihn auf, seinem Körper zu danken und ihn zu beruhigen. Er war zunächst skeptisch, jedoch bereit, alles zu tun, um sich von den Schmerzen zu befreien. Er sagte laut und deutlich: »Danke, lieber Körper, dass du mir gezeigt hast, was mir so zu schaffen macht, diese Angst, nicht genug schöne Fotos für meine Ausstellung zu haben. Ich habe es verstanden, du kannst den Schmerz ablegen. Jetzt werde ich die qualitativ hochwertigen Abzüge aussortieren und beruhigt sein.« Nachdem er sich bei seinem Körper bedankt hatte, versprach er ihm, seine Einstellung zu ändern. Dreißig Minuten später war der Schmerz verschwunden.

- *Es ist wichtig, dass Sie das Versprechen einhalten, das Sie Ihrem Körper geben, um ihn zu beruhigen. Ihr Körper ist Ihr engster Freund. Wenn Sie auf die Botschaft hören, die er Ihnen sendet, und zusätzlich zu den Medikamenten Ihre Einstellung ändern, werden Sie dauerhaft gesund werden.*

DER SCHLÜSSEL IST DIE INTENTION

Solange Sie Schmerzen haben – jeden Morgen vor dem Aufstehen, dann im Laufe des Tages und abends vor dem Schlafengehen –, sprechen Sie mit Ihrem Körper. In manchen Fällen wird Ihr Wille (die Intention) so stark sein, dass die Heilung sofort eintreten wird. So war es bei meinen wiederholten Blasenentzündungen. Intuitiv sprach ich mit Entschlossenheit zu meinem Körper: »Es passiert immer nach einem Streit, also haben die Bakterien nichts damit zu tun, und ich werde nie wieder eine Blasenentzündung bekommen.«

Manchmal ist mehr Zeit nötig. Es ist möglich, dass das Ergebnis von der emotionalen Belastung abhängt, auf die sich die Krankheit bezieht.

Protokoll 4
Die Kraft der Intention stärken

Sie können die Kraft der Intention auf einfache Weise steigern und so Ihre Schmerzen lindern. Das Prinzip ist von einer schamanischen Praktik inspiriert:

1. Atmen Sie tief durch die Nase ein, und stellen Sie sich vor, dass Sie an der Stelle des Schmerzes ausatmen, so als würde die Luft durch die schmerzende Stelle strömen und sie reinigen.
2. Machen Sie diese Übung mindestens zehnmal hintereinander, konzentrieren Sie sich dabei auf die Visualisierung und den Atem, und wiederholen Sie sie, bis der Schmerz verschwunden ist. Sie werden sehen, dass es funktioniert!
3. Sie können auch eine andere schamanische Technik anwenden: Denken Sie an eine Tierart, die Sie mögen. Ein Löwe, ein Elefant, ein Tiger, ein Adler, ein Wolf, ein Eichhörnchen ... Stellen Sie sich vor, dass dieses Tier die Größe eines Atoms annimmt. Halten Sie es zwischen Ihren Fingern und schieben Sie es in Ihren Mund. Bringen Sie es gedanklich an die Stelle, an der Sie Schmerzen haben, und stellen Sie sich dann vor, was es tun könnte, um Ihnen zu helfen: Es leckt an der Stelle, um die **Entzündung** zu entfernen, es lindert den Schmerz gezerr-

ter Muskeln, näht **Risse**, hält Ihren Hals warm … Das Tier ist Ihr Verbündeter und bleibt so lange in Ihnen, wie es nötig ist. Denken Sie daran, ihm zu danken.

Wenn Sie zum Beispiel unter **Ischiasschmerzen** leiden und eine lange Autofahrt vor sich haben, wenden Sie sich an Ihren Körper (beispielsweise mit einem Satz wie »Ich weiß, dass ich mir zu viel auflade und nicht genug an mich selbst denke«), und nehmen Sie sich dann einen Moment Zeit zum bewussten Atmen, indem Sie die Luft durch die Stelle *blasen*, an der Sie Schmerzen haben. Diese Übung ist allerdings nicht so einfach, wie sie scheint! Sich länger als fünfzehn Minuten auf die Atmung zu konzentrieren, ist eine ziemliche Herausforderung, denn man muss es schaffen, sich aus dem Alltag auszuklinken.

Wenn Sie am Ende des Tages unter Bauch- oder Kopfschmerzen leiden, suchen Sie zuerst nach der Botschaft Ihres Körpers, machen Sie dann die eben beschriebene Atemübung, und wiederholen Sie sie vor dem Schlafengehen.

Durch diese Weise verbinden Sie dank der Kraft der Intention Ihre Organe und Ihr Gewebe wieder mit ihrem Wachstumsmechanismus. Dieser ist in jedem von uns im embryonalen Zustand vorhanden und in jeder Zelle gespeichert. Wenn wir diese Lebensenergie zum Fließen bringen, kann sich unser Gewebe wiederherstellen: So wird Selbstheilung möglich.

- *Welche Absicht verfolgen wir? Ist unser Wille zur Heilung aufrichtig? Ist er im Vergleich zu anderen Anliegen zweitrangig? Verschieben wir es auf später, uns um ein Gesundheitsproblem zu kümmern? Ist unsere Arbeit wichtiger? Hat das Wohlergehen der Familie und der Kinder Vorrang vor unserem eigenen? Finden wir einen Sinn darin, krank zu sein? Sind wir bereit, an unseren Emotionen zu arbeiten, oder gehen wir den »einfachen« Weg und überlassen die Aufgabe, uns zu heilen, einem Therapeuten oder Medikamenten? Stellen Sie sich diese Fragen in aller Ehrlichkeit.*

8. KAPITEL

Den Verstand beruhigen

Seit unserer Kindheit haben wir es uns zur Gewohnheit gemacht, die wichtige Aufgabe, uns zu heilen, einem Therapeuten anzuvertrauen. Daher ist die Wahrscheinlichkeit groß, dass unser Verstand uns weismachen will, dass es keine Lösung ist, *mit unserem Körper zu sprechen*. Wie können wir diese Gewissheit loswerden und dafür sorgen, dass unsere Intention kraftvoll ist? Wir müssen unserem rationalen Verstand eine starke Botschaft senden, damit uns *die Angst, es nicht zu schaffen*, nicht blockiert. Ich habe viel über diese Frage nachgedacht. Es erschien mir unerlässlich, als Allererstes etwas *Normales, Gewohntes* zu tun, um die Symptome zu lindern, zum Beispiel ein Medikament einnehmen, einen Arzt, einen Akupunkteur oder einen Homöopathen aufsuchen. Erst wenn dieser Schritt vollzogen ist, beginnt die eigentliche Beschäftigung mit unseren Emotionen, indem wir mit unserem Körper sprechen.

ALTE REFLEXE AUFGEBEN

Ein Medikament kann hilfreich sein, um eine Krankheit zu heilen, aber auch, um die Ängste des Verstandes zum Schweigen zu bringen. Dieser Prozess funktioniert manchmal auch sehr gut mit einem Placebo, das heißt einer Substanz ohne therapeutische Wirkung. Hier ein sehr konkretes Beispiel: Eines Tages entwickelte ich unter meinem Arm in der Achselhöhle ein **Ekzem**. Abgesehen von dieser kleinen Unannehmlichkeit war ich kerngesund und verstand den Sinn dieser Hautirritation nicht, selbst nachdem ich mir all die Fragen gestellt hatte, die wir in den vorangegangenen Kapiteln behandelt haben. Gemäß der Krankheitssymbolik kann ein Ekzem den Schmerz einer Trennung ausdrücken. Das war eine Information, die schwierige Erinnerungen hervorrief … Ich setzte meine Nachforschungen fort und schaute mir an, welche Symbolik für die Achselhöhlen angegeben war. Die Lokalisierung dieses Ekzems war wahrscheinlich nicht unbedeutend. Bei den **Achselhöhlen** geht es um Schuldgefühle, wenn man einer Person nicht ausreichend geholfen hat.

Ich brach sofort in Tränen aus: Ich wusste, dass ich eine der möglichen Ursachen für meine Krankheit gefunden hatte. Der Schmerz war nicht sehr groß, das Ekzem juckte oder brannte nicht heftig, es war erträglich. Ich dankte meinem Körper laut dafür, dass er mich auf schmerzhafte Emotionen aus der Vergangenheit aufmerksam gemacht hatte: das Gefühl, verlassen worden zu sein, und die Schuldgefühle, weil ich nicht verstanden hatte, dass jemand auf meine Hilfe hoffte. Außerdem wurde mir später klar, dass ich zu diesem Zeitpunkt nicht wusste, dass die betreffende Person manipuliert worden war. Ich sagte also laut, dass ich getan hatte, was ich konnte, und dass es mir leidtat, wegen meines Kummers nicht aufmerksam genug gewesen zu sein. Dann bat ich die Person in Gedanken um Vergebung.

Da ich mir bewusst war, dass mein Verstand meine Heilung behindern konnte (ich traute mich damals nicht, mich ausschließlich auf die Kraft der Intention zu verlassen), ergänzte ich dieses Protokoll durch das Auftragen einer neutralen Substanz. Ich streute Talkumpuder auf die betroffene Stelle und war überzeugt, dass mein Ekzem dadurch verschwinden würde. Ich wiederholte diese Schritte morgens und abends, jeden Tag, bis die Reizung vollständig verschwunden war … Und ich erinnere mich noch an das unglaubliche Gefühl, als ich sah, wie das Ekzem allmählich abklang, bis es zwölf Tage später völlig verschwunden war!

Zum Schluss habe ich es nicht versäumt, die Person laut um Vergebung zu bitten, ein sehr intensiver Moment, durch den die Heilung vollständig und endgültig wurde.

- *Wenn Sie das Symptom behandeln, beruhigen Sie Ihren Verstand. Wenn Sie die Emotion identifizieren, wirken Sie auf die Ursache ein. Auf diese Weise bieten Sie eine Lösung auf allen Ebenen und vermeiden den chronischen Aspekt der Krankheit.*
- *Bei einem harmlosen Gesundheitsproblem, das keine großen Schmerzen verursacht oder bei dem keine Gefahr besteht, dass sich Bakterien, Viren oder andere Keime ausbreiten, schalten Sie Ihren Verstand ab, indem Sie sich*

mit etwas behandeln, das als Placebo wirkt, sofern Sie es (dank Ihrer Spiegelneuronen) als eine Substanz betrachten, die Ihnen tatsächlich bei der Heilung helfen kann.

Das Ekzem verschwand mühelos, weil ich es sofort nach seinem Auftreten behandelt habe. Bei einem Gesundheitsproblem, das schon seit vielen Jahren besteht, kann der Prozess länger dauern und hängt von der Kraft Ihrer Intention ab. Halten Sie durch, und lassen Sie sich nicht entmutigen!

HEILUNGSPROZESS UND GENESUNGSZEIT

Wenn man nach dem Auftreten von Symptomen schnell reagiert und sofort nach deren Sinn sucht, erhöht sich die Wahrscheinlichkeit, dass die Krankheit schnell wieder verschwindet. Wenn man diese Schritte auf später verschiebt, verliert man den Vorteil, die Krankheit mit der schmerzhaften Emotion zu korrelieren, und verlängert die Heilungszeit, wie bei folgendem Beispiel.

Ein Freund hatte seit einem Jahr einen **eingewachsenen Zehennagel** am rechten großen Zeh, der ihm schreckliche Schmerzen bereitete. Trotz der Einnahme von Antibiotika änderte sich die Situation nicht, und er wollte sich operieren lassen. Am Tag vor der Operation fragte ich ihn, ob er die Botschaft seines Körpers erfahren wolle. Er war neugierig und stimmte zu. Ich teilte ihm mit, dass es sich um Schuldgefühle handelte, weil er eine falsche Entscheidung getroffen hatte. Er bestätigte das und sagte mir, dass diese Entscheidung seine Familie betraf. Nach der Operation und nachdem das Problem verschwunden war, vergaß er, an seiner emotionalen Verletzung zu arbeiten. Zwei Monate später hatte er einen neuen eingewachsenen Zehennagel, diesmal an seinem linken Fuß. Ich ermunterte ihn, einen Arzt zu konsultieren und die von diesem verordneten Antibiotika zu nehmen, um die Befürchtung seines Verstandes zum Schweigen zu bringen, dass es *nicht funktionieren* würde. Dann sprach er mit seinem Körper und sagte ihm, dass er die versteckte Botschaft verstanden habe (diese Angst, die sich in Schuldgefühle verwandelt hatte, weil er eine falsche Entscheidung getroffen hatte), dass er es nicht rückgängig machen könne, dass es eben so sei, er sein Bestes gegeben habe, und dass er darauf vertraue, dass sein Körper auch ohne Operation heilen werde. Der eingewachsene Zehennagel bildete sich innerhalb weniger Tage zurück.

Wenn eine **schwere Krankheit** auftritt, bedeutet das, dass uns bereits sehr viele Warnsignale geschickt wurden und wir sie nicht wahrhaben wollten. Das ist jedoch kein Grund zur Sorge, denn es ist immer noch Zeit zu handeln. Aber es ist wichtig, die Zeit des Heilungsprozesses zu respektieren, bevor man sich einredet, dass nichts funktioniert. Unsere Zellen müssen sich zuerst regenerieren. Wir dürfen nicht vergessen, dass unser Körper Tage, Wochen oder sogar Jahre gebraucht hat, bis die Krankheit aus dem ursprünglichen emotionalen Problem heraus entstanden ist.

Warum ist mein **Ekzem** genau in diesem Moment aufgetreten? Warum nicht zu dem Zeitpunkt, als ich mich schuldig fühlte, weil ich der Person nicht geholfen hatte? Ich stelle die Hypothese auf, dass ich damals nicht in der Lage gewesen wäre, die Botschaft zu verstehen. Mein Körper hat sich also dafür entschieden, sie mir zu schicken, als ich in der Lage war, damit umzugehen.

Die vier Schlüssel zur Heilung

1. Sie haben die Botschaft hinter Ihrer Krankheit verstanden, Sie haben mit Ihrem Körper gesprochen und ihm dafür gedankt, dass er Ihre Aufmerksamkeit auf ein altes und nun wieder aktiviertes Problem gelenkt hat. Sie haben die ursprüngliche schmerzhafte Emotion identifiziert und Ihren Körper gebeten, Schmerz und Symptome zu beseitigen. Erklären Sie ihm laut und deutlich Ihre konkreten Maßnahmen (»Ich werde diesen Therapeuten aufsuchen«, »Ich werde dieses Protokoll anwenden«), und stellen Sie sich dann vor, wie Sie den schmerzenden Teil Ihres Körpers reinigen, indem Sie durch diese Stelle ausatmen.
2. Suchen Sie zusätzlich einen Therapeuten auf und/oder nehmen Sie Medikamente ein, um beruhigt sein zu können und Ihren Verstand abzuschalten. Tun Sie etwas Gewohntes, um Ihre Chancen zu erhöhen. Wenn Sie keine großen Schmerzen haben und keine Gefahr einer weiteren Ausbreitung der Krankheit besteht, nehmen Sie einfach ein Placebo (Substanz ohne therapeutische Wirkung) wie Tal-

kum, Wasser oder ein Pflaster, in der Überzeugung, dass es helfen wird.

3. Überlegen Sie, welche Emotion Ihr Körper hervorgehoben hat und wie Sie daran arbeiten können, um Ihr Versprechen zu halten. Das kann Ihre Lebensweise oder Ihre Beziehungen zu anderen Menschen betreffen. Um dabei unterstützt zu werden, können Sie eine Therapie (EFT, EMDR, Hypnose, Psychotherapie ...) beginnen, die Ihnen dabei hilft, Ihre emotionale Wunde aufzudecken.
4. Wiederholen Sie diese Schritte **jeden Tag**, und geben Sie Ihrem Körper Zeit, um zu heilen.

Was können wir nun dank dieser Methoden in Zukunft tun, wenn jemand durch sein Verhalten eine neue unangenehme Emotion in uns auslöst? Herzrasen, Wut, Hass, Angst, Scham? Es ist wahrscheinlich, dass sich dies auf unseren Körper auswirken wird. Können wir diesen dysfunktionalen Knoten in unserem Organismus vermeiden? Selbstverständlich können wir das. Handeln Sie vorausschauend, und sprechen Sie laut zu Ihrem Körper: »Danke, lieber Körper, dass du meine Aufmerksamkeit durch diese Empfindungen auf dich ziehst, die ein altes emotionales Problem reaktivieren. Ich bin mir bewusst, dass ich mit dieser Person oder Situation ein Problem habe ... und dass ich mich mit einer wichtigen seelischen Wunde auseinandersetzen muss. Danke, dass du mir Zeit gibst, sie zu finden, mich ihrer zu entledigen, ohne mich mit einer neuen Krankheit zu belasten.« Um damit erfolgreich zu sein, ist es entscheidend, dass Sie dieses Versprechen einhalten.

Nun sind Sie bereit, die Wunden, die Ihnen das Leben zugefügt hat, von Grund auf zu heilen und keine Energie mehr zu verlieren. Besser noch: Sie werden neue Energie gewinnen!

ZWEITER TEIL

AN IHRE KRAFT!

9. KAPITEL

Ihr Energie-Reset

In manchen Lebensphasen fühlen wir uns total schlapp. Uns fehlt die Kraft. Unsere Beine tragen uns nicht mehr. Wir stehen Widrigkeiten hilflos gegenüber und sind nicht in der Lage, die richtige Entscheidung zu treffen oder zu reagieren. Früher dachte ich, dass das nur eine Frage des Willens sei. Der Tod einer meiner besten Freundinnen hat mir die Augen geöffnet. Ich habe zwei Jahre lang geforscht, um zu verstehen, wie uns bestimmte Ereignisse – ein Unfall, ein Trauerfall, ein Trauma, die Unaufmerksamkeit eines Elternteils oder destruktive Sätze, die wir als Kind gehört haben – so sehr geschwächt haben, dass wir heute chronisch müde sind oder das Gefühl haben, unser Leben nicht mehr unter Kontrolle zu haben. Welche Mechanismen sind hier am Werk?

WIE SIE IHRE ENERGIE WIEDERGEWINNEN

Zunächst musste ich den Grund für meine *Reaktionsunfähigkeit* herausfinden. Ich suchte in Fachliteratur für Psychiatrie und Psychologie nach Antworten, befragte aber auch Energetiker. Ich stellte fest, dass Mediziner und Alternativmediziner das Gleiche sagen, nur mit anderen Worten. Die vielen Gemeinsamkeiten waren verblüffend. Ich habe zum Beispiel verstanden, dass der Körper uns auf natürliche Weise schützt, wenn wir schwer verletzt sind. Er produziert Endorphine, Hormone, die unser Leiden verringern und so verhindern, dass das Herz angesichts zu starker Schmerzen aussetzt. Bei anderen traumatischen Ereignissen (ein schlimmer Streit, Bedrohung, eine dramatische Enthüllung, das Fehlen eines Elternteils, Trauer, Unfall, Angst, Mobbing, Vergewaltigung …) reagiert unser Körper auf die gleiche Weise: Er schützt uns. Wie macht er das? Wenn der Schmerz für unseren Verstand zu schwer zu ertragen ist, flüchtet ein Teil des Verstandes, um uns davor zu bewahren, in Wahnsinn zu verfallen. Die klinischen Begriffe dafür sind **Betäubung** (wir sind unfähig zu reagieren) und **Dissoziation** (wir haben das Gefühl, nicht mehr in unserem Körper zu sein, wir beobachten die Situation, als ob wir uns selbst fremd wären). Diese beiden psychischen Prozesse erklären unter anderem den häufigen **Gedächtnisverlust** in der Kindheit oder den Mechanismus der Verleugnung, der bei Personen zu beobachten ist, die schwere Schicksalsschläge erlebt haben. Zusammenfassend sprechen Psychiater von »**mentaler Flucht**«, während Energetiker von »**Seelenverlust**« sprechen. Zwei verschiedene Begriffe, aber eine gemeinsame Symbolik. Das Wort *Seele* ist hier wesentlich. Lassen wir die religiösen Ansätze beiseite und betrachten wir die Seele als den Träger unserer Denkweise, unseres Selbstvertrauens und vor allem als den Punkt, an dem unsere Energien zusammenfließen. Das verheerende Ereignis, das wir gerade erlebt haben, hat uns all dessen plötzlich beraubt. Wir haben das Vertrauen in das Leben verloren, fühlen uns *innerlich leer* und als Folge des Schocks entweicht nun ein Teil unserer Energie.

Da unser Körper aus 99-mal mehr Energie und Information als aus Materie besteht, ist es leicht vorstellbar, dass ein Teil dessen, was uns ausmacht, durch diese schwierigen Ereignisse beeinträchtigt wird. In uns ist ein Riss entstanden, durch den unsere Lebensenergie entweicht. Seitdem versucht unser Körper zu reagieren und sich mit dem fehlenden Teil wieder zu verbinden. Jetzt können Sie verstehen, warum Sie manchmal das Gefühl haben, ständig erschöpft zu sein und in Ihrem Leben nicht so voranzukommen, wie Sie es gerne hätten. Die gute Nachricht ist, dass es Lösungen gibt, mit denen wir diesen Riss schließen und die verlorene Energie zurückgewinnen können.

Was haben Sie beim Lesen dieser Zeilen empfunden? Hat Sie eine Emotion ergriffen? Sind Ihnen Tränen über die Wangen gelaufen? Ist Ihnen bewusst geworden, dass Sie sich angesichts des unverständlichen Verhaltens einer Person *verloren* fühlen? Dann ist es wahrscheinlich, dass sich ein Teil Ihrer Seele eines Tages von Ihnen entfernt hat, um Sie vor zu viel emotionalem Schmerz zu schützen, und dass Ihr ganzes Wesen sich danach sehnt, wieder vollständig zu werden. Die folgenden Protokolle gehen weit über eine Vervollständigung der Seele hinaus. Sie ermöglichen es jedem, der Gesamtheit der Energien, aus denen wir bestehen, wieder Herr zu werden.

SEELENRÜCKHOLUNG

Loan Miège ist diplomierte Zoologin, Medium und Heilerin. Sie hat ein sehr wirksames Protokoll entwickelt, um unsere Energie durch einen Prozess der *Seelenrückholung* wiederzuerlangen, wofür ich ihr herzlich danke.[5] Ich habe mich daran orientiert und es so ergänzt, dass es für alle Situationen geeignet ist.

Der Zusammenfluss unserer Energien befindet sich naturgemäß in der Mitte unserer Brust, im Solarplexus. Seit dem *Schock* ist jedoch ein Teil davon aus dem Körper ausgetreten und befindet sich über dem Kopf, häufig auf der linken Seite. Es ist diese verdrängte Energie, die wir nun wieder in uns integrieren.

Prägen Sie sich die beschriebenen Schritte gut ein. Wem das Auswendiglernen schwerfällt, kann die Sätze laut lesen und sie mithilfe seines Smartphones aufnehmen. Achten Sie darauf, zwischen den einzelnen Schritten Pausen zu machen, damit Sie genügend Zeit haben, sie durchzuführen. Ebenso können Sie das Buch geöffnet neben sich legen und die Sätze daraus lesen. **Nur wer mindestens achtzehn Jahre alt ist**, es selbst entscheidet, motiviert und reif ist, kann das Protokoll zur Seelenrückholung durchführen. Tatsächlich öffnet der Prozess das Bewusstsein, und wenn Sie ein Kind (oder auch einen Erwachsenen) zwingen, es *zu seinem eigenen Wohl* zu praktizieren, tun Sie ihm keinen Gefallen – ganz im Gegenteil. Ihr Kind zu drängen hieße, es zu instrumentalisieren. Das würde ihm Energie rauben, also das genaue Gegenteil von dem bewirken, was erreicht werden soll. Eine Ausnahme ist, wenn das Kind mindestens sechzehn Jahre alt ist und ein schwerwiegendes gesundheitliches Problem hat, aber immer unter der Bedingung, dass das Kind reif genug ist und das Protokoll freiwillig machen will. Ich bestehe daher darauf, dass das Kind nicht bereit ist, wenn es »Nein« oder »Nicht jetzt« sagt. Aber seien Sie beruhigt: Sie können versuchen, ihm (unabhängig von seinem Alter) zu helfen, indem **Sie** sich selbst heilen.

Wir alle haben schwere Situationen durchlebt, und deshalb empfehle ich Ihnen, die folgende Seelenrückholung durchzuführen. Manche Protokolle funktionieren erst, wenn das Protokoll 5 erfolgreich umgesetzt wurde.

Protokoll 5
Seelenrückholung nach einem Schock

1. Schaffen Sie sich einen persönlichen Raum, in dem Sie zur Ruhe kommen können, zünden Sie Räucherstäbchen oder eine Kerze an. Setzen Sie sich auf den Boden oder einen Stuhl. Machen Sie sich bewusst, dass Sie einen wichtigen Moment erleben werden.
2. Laden Sie zwei »höhere« Wesenheiten aus dieser Liste ein: Gott, Jesus, Maria, Jahwe, Allah, Buddha,

Ganesha, einen der Erzengel (Gabriel, Michael, Raphael, Uriel etc.), das Universum, das Licht, Ihren Schutzengel, Lichtwesen ... Zwei von diesen Wesenheiten werden benötigt. Ihre Macht muss immens sein, damit sie einem möglichen Widerstand etwas entgegensetzen können. Wählen Sie deshalb keine Verstorbenen aus Ihrer Familie, auch wenn es sich bei ihnen um Ihre Geistführer handelt. Diese beiden Lichtwesen (nennen wir sie der Einfachheit halber so) stellen sich an Ihre Seite. Sie sind Ihre Zeugen, die für den reibungslosen Ablauf des Protokolls sorgen. Entspannen Sie sich. Lockern Sie Ihren Rücken, Ihren Nacken und Ihre Schultern, und atmen Sie tief dreimal durch den Mund ein.

3. Stellen Sie sich mit geschlossenen oder geöffneten Augen die Präsenz der beiden ausgewählten Lichtwesen vor, ihre Liebe und ihr Wohlwollen, die Sie umgeben. Wenn Sie sich das nicht vorstellen können, machen Sie einfach weiter, es funktioniert auch so.
4. Sagen Sie laut: **»Danke, ...** (Namen Ihrer gewählten Lichtwesen), **dass ihr jetzt alle Teile meiner Seele reinigt, egal, ob sie sich in mir oder außerhalb von mir befinden.«**
5. Atmen Sie tief ein, und sagen Sie dann laut und mit großer Intentionskraft: **»Meine Seele, wenn du einmal gelitten und es vorgezogen hast, Ab-**

stand zu nehmen, dann sollst du wissen, dass ich dich wieder in mir bewahren kann.« Heben Sie die Arme über Ihren Kopf, lehnen Sie sich nach links oder nach rechts (es ist nicht wichtig, welche Richtung), und versuchen Sie, mit Ihren fehlenden Energien in Kontakt zu treten. (Sie werden eine Wärme, ein Kribbeln oder auch einen Widerstand spüren.) Sagen Sie dann: **»Danke, ...** (Namen Ihrer gewählten Lichtwesen)**, dass ihr mir alle jene Teile meiner Seele in die Hände legt, die mir fehlen.«** Führen Sie dann Ihre Hände über Ihren Kopf.

6. Sagen Sie dann: **»Ich lade alle meine Seelenanteile ein, sich vollständig in der Mitte meiner Brust niederzulassen.«** Lassen Sie, während Sie diese Worte sprechen, Ihre Hände langsam sinken, ebenso Ihre Energie, die durch die Fontanelle in Ihren Kopf eindringt, in Ihren Hals bis in die Brust, über der Sie dann Ihre Hände verschränken. Fügen Sie anschließend hinzu: **»Meine Seele, nimm deinen Platz im Vertrauen und in der Liebe wieder ein.«** Danken Sie den Lichtwesen und Ihrer Seele. Dies ist ein wichtiger Moment: Sie haben gerade einen großen Schritt getan. Emotionen (trauriger, freudiger oder friedvoller Art) oder körperliche Empfindungen (Spannungen, ein Gefühl der Dichte oder Müdigkeit) sind normal.

Fahren Sie mit der Seelenrückholung nach einem Energieraub (Protokoll 6) fort, oder, für den Fall, dass Sie erschöpft sind, hören Sie an dieser Stelle auf, ruhen Sie sich aus, und führen Sie eine erneute Seelenrückholung frühestens in zwei Wochen durch.

Wie Sie sehen können, ist es nicht notwendig, sich an das Trauma zu erinnern, da man »wenn du einmal gelitten hast« sagt.

Der Psychotherapeut Jacques Roques wies mich darauf hin, dass eine Variante dieses Protokolls in der Psychotherapie unter der Bezeichnung »Lichtstrom«[6] verwendet wird. Bei dieser Methode arbeitet man mit einer unendlichen Energie aus dem Kosmos, die eine warme, wohltuende Farbe hat und durch den Scheitel eintritt, sich im Körper ausbreitet und ihn innerlich von oben nach unten durchläuft, um dann durch die Extremitäten in die Erde zu fließen, die sie in sich aufnimmt.

Ich denke an François-Olivier Stephan, einen Arzt, Osteopathen und Homöopathen, den ich auf einem Symposium kennengelernt habe. Bei dieser Gelegenheit erzählte er mir, dass er meinen Roman *Les Blessures du silence* (»Die Wunden des Schweigens«)[7] gelesen hatte, in dem ich diese Technik erkläre. »Als ich das Protokoll gelesen habe, wusste ich, dass mir ein Teil meiner Energie fehlt, das war eindeutig«, erklärte er mir. Dann fuhr er fort: »Ich lernte das Ritual auswendig und begann. Aber dann hörte ich nach kurzer Zeit auf, weil es zu eigenartig war. Ich ging ins Bett und sagte mir, ein andermal vielleicht … Um 1 Uhr nachts war ich noch immer wach, ich konnte nicht einschlafen. Ich machte das Protokoll noch einmal, diesmal vollständig und mit mehr Achtsamkeit. Ich spürte körperlich, wie eine Energie in meinen Körper eintrat. Ich fühlte eine Art Freude der Wiederverbundenheit. Diese Seelenrückholung hat mich vor allem gelehrt, dass mir tatsächlich etwas fehlte und dass das diese chronische Müdigkeit in mir auslöste, unter der ich jetzt nicht mehr leide.«

Anne hat eine andere, ebenso beeindruckende Erfahrung gemacht: »Nach Ihrem Workshop habe ich das Protokoll der Seelenrückholung gemacht … Und ich habe seit vier Tagen keine Bauchschmerzen mehr. Ich bin so glücklich! Zehn Jahre lang habe ich gelitten, und nun bin ich geheilt! Ich habe das Gefühl, meine schmerzvolle Vergangenheit hinter mir zu lassen.« »Um gesund zu sein, muss man in Harmonie mit seiner Seele sein«, schrieb Dr. Edward Bach.

Dieser Energieverlust, der sich in Form von Erschöpfung oder Krankheit äußert, kann auch in Form von psychischer Beeinflussung zum Ausdruck kommen. Trotz allen guten Willens kann es vorkommen, dass wir Opfer von Mobbing sind und uns nicht dagegen wehren können, dass wir wie gelähmt sind gegenüber einer toxischen Mutter, der Gewalt eines Vaters oder der Übergriffigkeit einer nahestehenden Person. Man kann diesen Zustand leicht mit einer *Depression* verwechseln, wegen der Leere, die sich in uns ausbreitet. Er ist nicht auf einen Mangel an Temperament oder einen Fehler in unserem Handeln zurückzuführen, sondern auf unsere Erfahrungen und Begegnungen.

Wenn die anderen darin nur ein Zeichen von Schwäche sehen und immer wieder sagen: »Du musst nur ›Stopp‹ sagen, das ist nicht kompliziert«, wenn sie glauben, es sei eine Gewohnheit, *überall das Böse zu vermuten*, oder sogar eine Übertreibung der Tatsachen, dann irren sie sich. Zum Glück, denn wir können auch hier reagieren und uns mit einem *anderen Protokoll* helfen. Sehen wir uns gemeinsam an, wie das geht.

Bei Menschen, die Opfer von Mobbing, Manipulation oder Perversion waren, befindet sich der Seelenanteil, der sich nach diesen Misshandlungen abgespalten hat, nicht außerhalb unseres Körpers über unserem Kopf, sondern er wurde vom »Täter« übernommen. Das ist Diebstahl! Energetiker weisen darauf hin, dass sich unser *Peiniger* von unserer Schwächung und unserer verlorenen Energie ernährt. Psychiater sprechen von einem *unbewussten Energieraub* (auch als Energievampirismus bekannt). Diese geraubte Energie bewirkt eine »psychische Beeinflussung«, die von einem Elternteil, einem Ehepartner, einem Freund oder einem Kollegen ausgehen kann. Wenn diese (psychische oder physische) Gewalt wiederholt herbeigeführt wird, haben Sie wahrscheinlich viel Energie verloren und versuchen möglicherweise, diesen Verlust durch eine Sucht (nach Nahrung, Alkohol, Tabak, Drogen …) auszugleichen. Diese Theorie des Energie*raubs* hat den Vorteil, dass sie eine Erklärung für die Haltung der Opfer liefert: eine Art Ohnmacht, die Unmöglichkeit zu reagieren … die sie selbst nicht verstehen. Warum schafft man es nicht, vor dieser Gewalt, die man erfährt, zu flüchten? Weil der andere einen Teil unserer Energie besitzt. Weshalb kehren wir zu einer Liebe zurück, von der wir wissen, dass sie schädlich ist? Auch hier, weil der andere einen Teil unserer Energie besitzt.

Es ist nicht der Peiniger, den wir nicht verlassen können, sondern unseren Seelenanteil. Man kann sich selbst nicht zurücklassen. Zahlreiche Menschen haben mir erzählt, dass sie nicht verstehen, warum sie fünfzehn Jahre, nachdem sie sich aus den Augen verloren haben, immer noch an eine Person denken. Es geht nicht um Liebe, und auch nicht um emotionale Abhängigkeit. Wir sind mit dem anderen verbunden, weil er trotz der Entfernung immer noch einen Teil von uns selbst besitzt. Dieser Seelenverlust findet auch bei Menschen statt, die von einem Elternteil missbraucht wurden. Sie können sich nicht von einem Teil ihrer Seele entfernen, der von ihrem Vater oder ihrer Mutter in Beschlag genommen wurde. Energieraub liegt vor, wenn uns jemand »in der Hand« hat. Zum Glück kann man diese verlorene Energie zurückgewinnen und sich so von dieser toxischen Abhängigkeit lösen.

Es ist ein weit verbreiteter Glaube, dass allein das Bewusstwerden der Situation zusammen mit Techniken zur Steigerung des Selbstwertgefühls ausreichen, um aus der Abhängigkeit oder dem Mobbing herauszukommen. Dies ist aber in den meisten Fällen aufgrund der *Gehirnwäsche*, der man unterzogen wurde, falsch. Das nennt man paradoxe Signale oder Doppelbotschaften: Der andere hat uns nachhaltig destabilisiert, indem er Vorwürfe hinter Komplimenten versteckt *(»Das Kleid ist hübsch, schade, dass du keine Brüste hast«)* oder die Wechselbadmethode anwendet (*»Los, beweg dich, du bist sowas von lahm«* und dann *»Mach doch mal eine Pause, du siehst schlecht aus!«)*. Bei den Hunderten von Opfern, die ich getroffen habe, bekam die affektive Abhängigkeit Risse, sobald sie begriffen, dass der andere ihnen einen Teil ihrer Energie gestohlen hatte.

Nachdem ich *Les Blessures du silence* geschrieben hatte, bekam ich zahlreiche Anfragen für Vorträge und Lesungen. Bei einem dieser Vorträge meldete sich ein Mann zu Wort, der nicht verstand, warum sein neunjähriger Sohn in der Schule gemobbt wurde. Man hatte ihm gesagt, diese Situation bedeute, dass eine andere Person aus dem Umfeld das Kind manipuliere. Er konnte sich nicht vorstellen, wer. Ich fragte ihn daher, ob sein Sohn ein Trauma erlebt hatte, bei dem er möglicherweise einen Teil seiner Seele verloren hat. Der Vater erzählte mir dann von einem sehr schweren Unfall, den er und seine Frau gehabt hatten. Ihr Sohn, der damals sechs Jahre alt war, hatte geglaubt, sie seien tot. Als ihm klar wurde, dass sein Sohn seit diesem Unfall gemobbt wurde, sah er den Zusammenhang …

Patricia Serin, Psychologin und Psychotherapeutin, schlägt eine Metapher zu diesem Thema vor. Betrachten wir uns als einen Baum und stellen wir uns vor, dass ein Schicksalsschlag eine Wunde in unsere Rinde gerissen hat. Das Loch, das sich in unserem Stamm bildet, wird von Manipulatoren und Mobbern entdeckt, es ist eine Lücke, in die sie eindringen, um uns zu manipulieren. Sie sind nicht *nur* in uns verliebt, sondern fühlen sich auch von der Wunde angezogen, durch die unsere Lebensenergie entweicht. Das erklärt, warum man nach einer toxischen Beziehung manchmal wieder auf den gleichen Charakter stößt. Hören wir auf, uns schuldig zu fühlen, wir sind weder dumm noch masochistisch, dieses Muster lässt sich energetisch erklären. Die Opfer sind meist schöne, intelligente und anderen zugewandte Menschen. Die Manipulatoren ernähren sich von unserem Energieverlust, indem sie uns schwächen, sie nähren ihre eigene Leere, denn auch sie waren Opfer eines solchen Menschen oder eines Traumas.

- *Wenn wir gemobbt werden oder dies in der Vergangenheit geschehen ist, bedeutet das mit Sicherheit, dass wir einen Teil unserer Energie verloren haben, durch eine schwere Situation, eine Instrumentalisierung, eine Misshandlung, durch Beschwerden oder unaufhörliche Kritik (Depression, Wut) oder durch Manipulation eines Elternteils oder einer anderen Person. Es bedeutet, dass in uns eine Wunde existiert, die von Manipulatoren erkannt werden kann. In diesem Fall ist es unbedingt erforderlich, zuerst Protokoll 5 und dann Protokoll 6 mit den beteiligten Personen durchzuführen. Diese Protokolle beziehen sich* ***ausschließlich*** *auf Erwachsene, weil sie in der Lage sind, nach bestem Wissen und Gewissen zu entscheiden, ob es für sie der richtige Zeitpunkt ist. Bei Kindern sollte man die Arbeit an den Emotionen mit einem Psychotherapeuten bevorzugen. Es ist von Vorteil, wenn er in EFT oder EMDR ausgebildet ist.*

Beachten Sie, dass dieses 6. Protokoll sowohl mit lebenden als auch mit verstorbenen Personen durchgeführt werden kann. Wenn Sie sich nicht zutrauen, es allein durchzuführen, können Sie eine Person Ihres Vertrauens bitten, die einzelnen Sätze vorzusprechen, um sie dann selbst nachzusprechen. Sie können auch einen Therapeuten um Hilfe bitten, der *diesen Methoden gegenüber aufgeschlossen* ist. »Ich möchte dieses Protokoll durchführen, können Sie mir helfen, es umzusetzen?« Viele Ärzte, Psychotherapeuten und Hypnotherapeuten haben mir berichtet, dass sie das Protokoll bei ihren Patienten anwenden und dass es wirksam ist.

Wie funktioniert dieses Protokoll? Das Prinzip besteht darin, eine Art »Tauschhandel« vorzunehmen, damit uns unser Seelenanteil zurückgegeben wird. Mit anderen Worten, das Ziel ist, dass der andere uns das zurückgibt, was er uns gestohlen hat, und wir ihm dann helfen, das zurückzubekommen, was ihm jemand anderes genommen hat. Durch diesen Austausch kommen wir aus den Machtkämpfen heraus, die uns so geschwächt haben. Für diejenigen, die mit Groll erfüllt sind: Denken Sie daran, dass Sie das nicht tun, um *Ihrem Peiniger zu helfen*, sondern weil es **die einzige Möglichkeit** ist, dass er Ihnen *zurückgibt, was Ihnen gehört.*

Protokoll 6
Seelenrückholung nach einem Energieraub

Dieses Protokoll betrifft jeweils eine einzelne Person und wird allein durchgeführt (man nimmt keinen Kontakt zu dieser Person auf). Sie können mehrere Seelenrückholungen nach einem Energieraub hintereinander durchführen, aber Sie sollten unbedingt aufhören, bevor Sie müde werden. Wenn Sie eine Serie von zwei oder drei Seelenrückholungen abgeschlossen haben, warten Sie mindestens zwei Wochen, bevor Sie mit einer neuen Serie beginnen, andernfalls hat Ihr Körper nicht genug Zeit, die Energie aufzunehmen.

Führen Sie NIEMALS eine Seelenrückholung mit Ihren Kindern durch.

Wenn Ihr Kind Sie schikaniert, liegt das daran, dass man ihm Energie geraubt hat – durch ständigen Streit zwischen den Eltern, eine Scheidung oder eine schwere familiäre, schulische oder beziehungsbezogene Situation. Das Kind nimmt Ihnen Energie, indem es Sie aus der Fassung bringt, um seinen eigenen Energieverlust auszugleichen. Das geschieht nicht freiwillig; schließlich ist Ihr Kind zunächst selbst ein Opfer. Um Ihre Energie und die Ihres Kindes wiederzugewinnen (und damit es aufhört, Sie schlecht zu behandeln), führen Sie die Seelenrückholung nach einem Energieraub durch, und zwar mit jeder Person, die Sie aus dem Gleichgewicht gebracht hat (mit Ausnahme Ihrer Kinder), eine nach der anderen. Je mehr Seelenrückholungen Sie machen, desto besser wird es helfen. Das einzige Protokoll, dass Sie mit Ihrem Kind durchführen können, ist das Protokoll 7, um den Frieden wiederherzustellen.

Nur wer mindestens achtzehn Jahre alt ist, es selbst aus freiem Willen entscheidet, motiviert und reif ist, kann dieses Protokoll der Seelenrückholung durchführen. Tatsächlich öffnet der Prozess das Bewusstsein, und wenn Sie ein Kind (oder auch einen Erwachsenen) zwingen, es zu *seinem eigenen Wohl* zu praktizieren, tun Sie ihm damit keinen Gefallen – ganz im Gegenteil. Ihr Kind zu drängen hieße, es zu instrumentalisieren. Das würde ihm Energie rauben, also das genaue Gegenteil von dem bewirken, was erreicht werden soll. Eine Ausnahme ist, wenn das Kind mindestens sechzehn Jahre alt ist und ein schwerwiegendes gesundheitliches Problem hat, aber immer unter der Bedingung, dass das Kind reif genug ist und das Protokoll freiwillig machen will. Ich bestehe daher darauf, dass das Kind nicht bereit ist, wenn es »Nein« oder »Nicht jetzt« sagt. Aber seien Sie beruhigt: Sie können versuchen, ihm (unabhängig von seinem Alter) zu helfen, indem Sie sich selbst heilen.

1. Setzen Sie sich auf einen Stuhl und stellen Sie einen anderen Stuhl gegenüber von sich auf. Werden Sie sich des wichtigen Moments bewusst, den Sie gleich erleben werden. Der Prozess funktioniert dank der Intention, die Sie ihm verleihen.
2. Schaffen Sie sich einen persönlichen Raum, entspannen Sie sich, und laden Sie zwei »höhere« Wesenheiten aus dieser Liste ein: Gott, Jesus, Maria,

Jahwe, Allah, Buddha, Ganesha, einen der Erzengel (Gabriel, Michael, Raphael, Uriel etc.), das Universum, das Licht, Ihren Schutzengel, Lichtwesen ... Zwei von diesen Wesenheiten werden benötigt. Ihre Macht muss immens sein, damit sie einem möglichen Widerstand etwas entgegensetzen können. Wählen Sie deshalb keine Verstorbenen aus Ihrer Familie, auch wenn es sich bei ihnen um Ihre Geistführer handelt. Diese beiden Lichtwesen (nennen wir sie der Einfachheit halber so) stellen sich an Ihre Seite. Sie sorgen für den reibungslosen Ablauf des Protokolls. Stellen Sie sich mit geschlossenen oder geöffneten Augen die Präsenz der beiden ausgewählten Lichtwesen vor, ihre Liebe und ihr Wohlwollen, die Sie umgeben. Wenn Sie sich das nicht vorstellen können, machen Sie einfach weiter, es funktioniert auch so.

3. Sagen Sie laut: **»Ich danke ...** (Namen Ihrer gewählten Lichtwesen), **dass ihr mir bei dieser Seelenrückholung in Form eines Austauschs mit ...** (nennen Sie den Namen derjenigen Person, die Sie wiederholt aus dem Gleichgewicht gebracht hat) **beisteht.«**
4. Üben Sie Autorität aus, indem Sie sagen: **»Danke, ...** (Namen Ihrer gewählten Lichtwesen), **dass ihr ...** (Name der entsprechenden Person) **befehlt, sich mir gegenüberzusetzen.«**

5. Sagen Sie dieser Person nun, was Ihnen auf dem Herzen liegt. Alles, was bereits gesagt wurde, muss nicht noch einmal gesagt werden. Schaffen Sie sich Erleichterung: **»Es war sehr schwer für mich, als du mir ... angetan hast ...«**
6. Nehmen Sie dann einen tiefen Atemzug und sagen Sie laut und mit inniger Intention: **»Danke, ...** (Namen Ihrer gewählten Lichtwesen), **dass ihr ...** (Name der entsprechenden Person) **befehlt, mir alle Energie zurückzugeben, die er/sie mir** (unwillentlich) **entzogen hat, in diesem Leben und in allen anderen.«**
7. Öffnen Sie Ihre Arme. Versuchen Sie, sich einen großen Energieball vorzustellen, der sich zwischen Ihnen beiden befindet, und nehmen Sie ihn. Versuchen Sie, eine Empfindung wahrzunehmen, ein Kribbeln oder einen Widerstand zwischen Ihren geöffneten Händen (die Distanz zwischen Ihren Händen hängt von der Menge der Energie ab, die Sie zurückgewinnen). Wenn Sie es sich nicht vorstellen können, wird es sich trotzdem so ereignen.
8. Halten Sie Ihre Hände in diesem Abstand geöffnet (als ob Sie den Energieball vor sich halten würden) und sagen Sie: **»Danke, ...** (Namen Ihrer Lichtwesen), **dass ihr alle Energie, die ...** (Name der entsprechenden Person) **mir genommen hat, in meine Hände legt und sie vollständig reinigt.«** Stellen Sie sich vor, dass der Energieball strahlend weiß ist

(wenn Ihnen das nicht gelingt, wird sich der Prozess trotzdem vollziehen). Wenn Sie Kinder haben, fügen Sie hinzu: **»Falls ich meinen Kindern ...** (nennen Sie ihre Vornamen) **ungewollt Energie entzogen habe, gebe ich sie ihnen zurück, und ich bekomme die Energie wieder, die ...** (Name der entsprechenden Person) **mir genommen hat.«**

9. Führen Sie beide Hände sanft zur Mitte Ihrer Brust, so als würden Sie den großen Ball gegen sich drücken, um ihn in die Mulde Ihres Solarplexus zu schieben. Nehmen Sie sich die Zeit, um diesen Moment zu genießen, und sagen Sie: **»Ich heiße meine Seelenanteile willkommen, um sie in mir zu bewahren.«**
10. Sagen Sie dann: **»Ich danke ...** (Namen Ihrer Lichtwesen), **dass ihr ...** (Name der entsprechenden Person) **die Energie zurückgebt, die ihm/ihr von anderen Personen (»mich selbst eingeschlossen«** – wenn Sie denken, Sie haben ihm Energie genommen) **entzogen wurde.«** Um zu verhindern, dass Ihre zurückgewonnene Energie wieder verloren geht, fügen Sie hinzu: **»Vor den Zeugen ...** (nennen Sie die Namen Ihrer ausgewählten Lichtwesen) **befehle ich, dass die schmerzhafte Bindung** (und alle damit verbundenen schlechten Erinnerungen) **zwischen ...** (Name der entsprechenden Person) **und mir getrennt werden, in diesem Leben und**

in allen anderen, und nur die friedvolle Bindung bestehen bleibt.« Es gibt mehrere Verbindungen zwischen Ihnen und den entsprechenden Personen, und unter diesen auch eine schmerzhafte Bindung. Trennen Sie diese. Wenn Sie eine gute Vorstellungskraft haben, können Sie auch Ihre Finger wie eine Schere formen und die schmerzhafte Bindung vor Ihnen symbolisch durchschneiden.

11. Fahren Sie mit einer weiteren Person fort, die Ihnen Energie geraubt hat. Tun Sie dies mit maximal drei Personen, einer nach der anderen. Wenn die erste Rückholung Sie emotional stark aufgewühlt hat und Sie müde sind, belassen Sie es bei einer Person, und erholen Sie sich mindestens zwei Wochen, bevor Sie mit einer neuen Serie von Seelenrückholungen beginnen.
12. Danken Sie schließlich den Lichtwesen und auch sich selbst. Heißen Sie die neue Energie willkommen, indem Sie sich ausruhen und sich Gutes tun. Betrachten Sie diesen Moment als einen wichtigen Schritt auf dem Weg zu Ihrer Heilung.

Beachten Sie, dass dieses Protokoll ohne die *physische* Anwesenheit des anderen durchgeführt wird. Daher funktioniert es auch sehr gut mit Verstorbenen. Dank der bereits erwähnten Spiegelneuronen reicht es aus, sich die Person Ihnen gegenübersitzend vorzustellen, damit sie für Ihr Gehirn real wird.

Wenn Sie den Namen oder das Aussehen Ihres »Angreifers« nicht kennen (zum Beispiel, weil die Ereignisse in Ihrer Kindheit geschehen sind oder weil Sie zwischen zwei Personen schwanken), passen Sie das Protokoll wie folgt an: Sagen Sie bei den Schritten 4, 6, 8 und 10 »Derjenige, der mir … (sagen Sie, worum es ging) angetan hat.«

Zögern Sie nicht, diese Methode mit allen Personen anzuwenden, die Ihnen einen Teil Ihrer Energie genommen haben. Beginnen Sie mit der ersten Person in Ihrem Umfeld, die Sie wiederholt aus dem Gleichgewicht gebracht hat, dem Vater, der Mutter oder einem Bruder, und fahren Sie dann mit den Beziehungen fort, die Ihnen in der Liebe, im Freundeskreis oder am Arbeitsplatz *Energie geraubt* haben. Wenn Sie bei einer Beziehung nicht sicher sind, ob auf sie Energieraub zutrifft, ist es wichtig, dass Sie Ihre Empfindungen analysieren. Wenn Sie sich angesichts der Handlungen oder des Schweigens dieser Person *verloren* fühlen, dann bedeutet das, dass Sie aufgrund dieser Beziehung einen Teil Ihrer Energie verloren haben – machen Sie das Protokoll. Es ist normal, dass die Empfindungen zwischen den einzelnen *Energierückgewinnungen* unterschiedlich sind. Wenn Sie den *Energieball* wieder zu sich zurückbringen, können die Empfindungen ebenfalls variieren. Sie können das Protokoll mit einer Person nach der anderen durchführen oder jeweils immer nur eine Rückholung machen. Das liegt ganz bei Ihnen.

Wenn Sie sich müde fühlen oder am Abend oder nach dem Aufwachen irgendwo im Körper ein kleiner Schmerz auftritt, machen Sie sich keine Sorgen. Diese Befreiung hat Ihre Energie in ihrer Gesamtheit verändert, und der Organismus muss sich ohne die *Krücken*, die er sich über Jahre des Mangels geschaffen hat, wieder ins Gleichgewicht bringen. Machen Sie einen Spaziergang, gehen Sie in die Natur, nehmen Sie ein Bad, gehen Sie früh schlafen, betrachten Sie etwas Schönes, lachen Sie, und danken Sie dem Leben.

Diese diffusen Empfindungen sind vorübergehend. Alles wird sich wieder normalisieren, davon können Sie überzeugt sein. Wenn Sie in der darauffolgenden Nacht schlecht schlafen, bedeutet dies, dass das Protokoll schmerzhafte Erinnerungen reaktiviert hat, von denen Sie sich unbedingt befreien müssen. Es wird dringend empfohlen, den Prozess der Seelenrückholung mit Kurzzeittherapien wie EFT, EMDR, Hypnose oder anderen zu begleiten, bei denen bereits wenige Sitzungen helfen, diese schmerzhaften Emotionen zu eliminieren. Mit anderen Worten: Wenn Sie das Protokoll mit einer Therapie verbinden, können Sie wirklich einen Schlussstrich unter die Vergangenheit ziehen und einen neuen Anfang machen.

Sie werden sehen, es funktioniert! Das Protokoll beruht auf der Kraft der Intention. Denken Sie daran, dass die Intention eine klare Information ist, die wir mit unserer ganzen Energie vermitteln, damit alle 99 Prozent unseres Körpers beteiligt sind.

- *Sie sollten dieses Protokoll unbedingt mehrmals mit jeder Person, die Sie aus dem Gleichgewicht gebracht hat, wiederholen. Denn beim ersten Mal suchen Sie nach den richtigen Worten, lesen sie ab, zögern oder drücken sich nicht kraftvoll genug aus. Beim zweiten Mal, zwei Wochen bis zu einem Monat später (lassen Sie Ihrem Körper Zeit, den Prozess zu verarbeiten), wenn Sie sich mit der Übung vertraut gemacht haben, werden Sie mehr Überzeugung einbringen können. Beim dritten Mal werden Sie sie auswendig kennen, Ihre Intention wird viel stärker und die positive Auswirkung auf Ihr Leben offensichtlich sein. Zögern Sie nicht, das Protokoll nach ein paar Tagen, einer Woche oder zwei Monaten zu wiederholen. Sie bestimmen das richtige Tempo. Und vergessen Sie nicht, auf Ihre Empfindungen zu achten. Wenn Sie diese Protokolle mehrmals über längere Zeit angewendet haben, werden Sie eine immense, befreiende Freude empfinden.*

Das folgende Beispiel zeigt, wie wichtig es ist, diese Rituale zu wiederholen. Eine junge Frau, die seit ihrer Kindheit von ihrem Bruder schikaniert wurde, erzählte mir einmal von ihren Erfahrungen. Als sie das Protokoll zum ersten Mal anwandte, bekam sie keine tyrannischen E-Mails mehr von ihrem Bruder. Beim zweiten Mal wich ihre Angst, und sie konnten von Angesicht zu Angesicht *normal* miteinander reden. Beim dritten Mal bat er sie um Verzeihung. Sie meinte dazu: »Die Dinge beruhigen sich langsam, und es ist fast ein Wunder, ein so kraftvolles Protokoll zu haben, das im Unsichtbaren wirkt und einen direkten Effekt auf Materie und Beziehungen hat.«

Durch diesen »Tauschhandel« ist es also möglich, dass sich auch die Person verändert, die Ihnen die Energie geraubt hat.

Das hängt davon ab, wie weit sie auf ihrem Weg fortgeschritten ist. Wenn sie bereits mit einem Therapeuten an ihren eigenen Wunden arbeitet, kann es sein, dass der Seelenanteil, den sie nun erhält, ausreicht, um sich über ihr toxisches Verhalten klar zu werden. Bei Menschen mit narzisstischer Persönlichkeitsstörung kommt das zwar selten vor, aber mir wurde von mehreren Beispielen berichtet. Es ist wichtig, dies zu betonen, weil man häufig hört, dass es sich um nicht behandelbare Menschen handelt. In der Regel nimmt eine Person einer anderen Energie, weil man ihr die eigene Energie gestohlen hat, als sie klein war. Dieser Prozess wird dann nach dem Prinzip des Ausgleichs beziehungsweise des Ersatzes fortgesetzt. Beispielsweise nimmt ein Elternteil die Energie seines Kindes, um einen Mangel zu ersetzen, weil ihm selbst Energie geraubt wurde. Ein Elternteil kann seinem Kind Energie entziehen, ohne narzisstisch pervers zu sein. Es genügt, dass er viel gelitten hat und sich »energieraubend« verhalten hat (symbiotisch, demütigend oder ständig kritisierend). Die Durchführung des Protokolls unterbricht diesen Prozess und heilt auch Ihre Nachkommen.

Denken Sie auch daran, dass noch kleine Seelenanteile zurückgeholt werden müssen, falls belastende Emotionen, die mit der erlittenen Manipulation zusammenhängen, einige Zeit nach der Protokolldurchführung wiederkehren. In diesem Fall wiederholen Sie das Protokoll mit der betreffenden Person. Dann werden sich Ihre Ängste endlich entfernen, und Sie werden an Gelassenheit gewinnen. Ich erhalte übrigens viele Berichte von Menschen, die diese Leere in sich nicht mehr spüren. Das kann sich ganz konkret äußern: Manche haben zum Beispiel nicht mehr ständig Hunger, und viele genießen es, endlich tief und erholsam schlafen zu können. Ganz zu sein bedeutet, seine wahre Identität wiederzufinden und seine volle Macht zurückzuerhalten. Sie werden über sich selbst staunen, wenn Sie die Zügel Ihres Lebens wieder in die Hand nehmen.

Jetzt ist es an der Zeit, dass Sie sich von bestimmten Konditionierungen befreien, die auf die Lebensprüfungen Ihrer Eltern und Vorfahren zurückzuführen sind. Der nächste Schritt ist entscheidend, um Ihren inneren Seelenfrieden wiederzufinden. Er hat mein Leben verändert.

10. KAPITEL

Ihr emotionales Erbe

Wir alle haben schon einmal die Erfahrung gemacht, dass es Muster gibt, die sich von Generation zu Generation wiederholen. Wenn zum Beispiel unsere Großmutter ohne Mutter aufgewachsen ist, kann es sein, dass wir uns mit unserer eigenen Mutter nicht gut verstehen, oder wenn unser Großvater bankrott war, unser eigenes Unternehmen vor dem Konkurs steht, wenn unsere Mutter vergewaltigt wurde, können wir Beziehungsprobleme mit Männern haben, wenn eine unserer Tanten darüber klagte, ihre Kinder allein aufzuziehen, können wir selbst Schwierigkeiten haben, ein Kind zu bekommen, oder wenn wir den Vornamen unseres Großonkels tragen, der Priester war, können wir uns schwertun, die Liebe zu finden. Natürlich lassen sich nicht alle unsere Enttäuschungen durch eine Verbindung zu unseren Vorfahren erklären. Aber wenn wir alles daransetzen, unser Ziel zu erreichen, und uns der Erfolg auf unerklärliche Weise verwehrt bleibt, dann könnte es sich um das »Zellgedächtnis« handeln, was in der Psychogenealogie als transgenerationale Weitergabe bezeichnet wird. Zum Glück können wir dieses »Erbe« loswerden.

Diese Vorstellung von innerhalb unserer Familie vererbten emotionalen Lasten, die uns in der Gegenwart beeinträchtigen können, ist nicht neu. Bereits vor fast hundert Jahren beschrieb Freud diesen Vorgang als eine zwischen den Generationen weitergegebene Emotion, die mit einer Schuld in Verbindung steht; diese ist jedoch für die jüngere Generation nicht mehr greifbar, da sie sich nicht daran erinnert.[8] Carl Gustav Jung, Françoise Dolto und der Arzt Jacob Levy Moreno erwähnen unter anderem Unausgesprochenes sowie Geheimnisse, die *unsichtbare Loyalitäten* schaffen, welche uns wiederum nötigen, für die Schulden unserer Vorfahren aufzukommen. Und die bereits zuvor erwähnte Psychologin Anne Ancelin Schützenberger hat die Idee einer transgenerationalen Dimension entwickelt – basierend auf Studien[9] zu diesem Thema, die sie über einen Zeitraum von zwanzig Jahren an der Universität von Nizza in einem Labor für soziale und klinische Psychologie durchgeführt hat.

WERDEN SIE SICH DER VERBINDUNGEN ZUR VERGANGENHEIT BEWUSST

Genauso wie wir körperliche Merkmale erben (lockiges Haar, grüne Augen …), scheinen wir auch *unverdaute* Lebensprüfungen unserer Ahnen zu erben. Wenn wir die Geschichte unserer Familie unter die Lupe nehmen, entdecken wir übrigens oft Ähnlichkeiten. Um zu verhindern, dass sich die

Muster wiederholen, müssen wir unseren emotionalen »Speicher« löschen und die Verbindungen zur Vergangenheit reinigen. Während die meisten Techniken dazu die Anwesenheit eines Therapeuten, einer anderen Person oder einer Gruppe erfordern, möchte ich eine Methode vorschlagen, die jeder allein und zu jedem Zeitpunkt seines Lebens durchführen kann.

2014 hatte ich gerade für M6 sechs Filme in weniger als achtzehn Monaten fertig gestellt, und ich litt darunter, dass niemand über sie sprach. Ich fühlte mich unsichtbar und hatte ein Problem mit meiner Anerkennung.

Wie kann man das erklären? Ich habe darüber nachgedacht, wer in meiner Familie Probleme mit der beruflichen Anerkennung gehabt haben könnte. Zuerst kam mir meine Tante in den Sinn. Sie war Ordensschwester, schrieb ebenfalls, und meine Eltern hatten mir ihren Vornamen als zweiten Vornamen gegeben. Allerdings schien der Vergleich hier zu enden, denn sie war für ihre Veröffentlichungen in ihrer Kongregation in Frankreich, aber auch im Ausland wie in Kanada, Spanien und Brasilien sehr anerkannt.

In Wirklichkeit hatte ich mich in der Zielvorgabe meiner Überlegungen geirrt. Ich suchte nach einer Parallele auf beruflicher Ebene, dabei hätte ich den Fokus auf meine *fehlende Anerkennung* lenken sollen. Ich setzte meine Nachforschungen fort, und im Juni 2015 wurde mir dank der Bemerkung einer Freundin klar, dass ich eine emotionale Last von meiner Großmutter übernommen hatte: Sie setzte sich für die Familie, die Nachbarn, das Dorf und die Gemeinde ein … und niemand sprach über sie. Aber ich konnte mir nicht vorstellen, dass diese großzügige Frau, die sich nie beklagte, mir dieses schmerzhafte Erbe hinterlassen haben könnte. Dann wurde mir klar, dass sie es *ungewollt* an mich weitergegeben hatte.

Wie konnte ich mich davon befreien? Im September 2015 empfahl mir eine andere Freundin, Jean-Pierre Hermans aufzusuchen, der Innenarchitekt und Medium ist. Meine Intuition sagte mir, dass er mir helfen könnte. Ich zögerte keine Sekunde. Am Telefon schilderte ich ihm mein Problem, und sofort erklärte er mir ein Protokoll, um belastende Bindungen zu reinigen. Ich danke ihm an dieser Stelle noch einmal. Noch am selben Abend führte ich es mit meiner elf Jahre zuvor verstorbenen Großmutter durch, ohne jemandem davon zu erzählen. Ich war total verblüfft, als ich am nächsten Tag von der Radiomoderatorin eingeladen wurde, die zuvor meinen Mann in ihrer Sendung hatte. Die Medien hatten ihre Einstellung zu meiner Arbeit nicht geändert, ich hatte mich lediglich von einer Verletzung befreit, die nicht zu mir gehörte.

Bei jeder neuen unerklärlichen Blockade habe ich die Erforschung dieser transgenerationalen Weitergabe fortgesetzt. So wurde ich mir im Laufe der Jahre immer mehr dieser Art von *Erbe* bewusst. Erst kürzlich habe ich das Protokoll von Jean-Pierre Hermans mit meinem Großvater väterlicherseits durchgeführt, mit dem ich Ähnlichkeiten in den Lebensprüfungen entdeckt habe. Dieses Protokoll zur Befreiung von emotionalem Erbe wird im nächsten Kapitel vorgestellt.

- *Wir sollten uns die Zeit nehmen, über die Schwierigkeiten unserer Familie nachzudenken und sie mit unseren eigenen zu vergleichen. Es ist erstaunlich, dass das Leben ein endloser Kreislauf ist, manchmal eine Generation überspringt und auch das Leben unserer Kinder und Enkelkinder beeinflusst. Eltern wollen ihre Seelenwunden natürlich nicht an ihre Nachkommen weitergeben – und oft sind sie sich dessen auch gar nicht bewusst –, aber wir sollten uns daran erinnern, dass unsere Seele sie ausgewählt hat, damit wir unsere Lebensprüfungen überwinden können. Betrachten wir unsere Familie als die wichtigsten Personen, die es uns ermöglichen werden, von den Verletzungen geheilt zu werden, die wir gewählt haben. So können wir die Arbeit mit unserem Ahnenfeld vertiefen, eine Arbeit, die sich ein Leben lang fortsetzen wird, bis Frieden einkehrt. Es ist also sinnlos, unsere Familienmitglieder dafür verantwortlich zu machen, dass sie ihre Lebensprüfungen an uns weitergegeben haben. Sie verfügen nicht über die Fertigkeiten, die Sie sich jetzt aneignen werden.*

Es ist eigentlich einfach, sich dieses *Erbes* bewusst zu werden, sofern man bereit ist, Ahnenforschung zu betreiben. Machen Sie sich die Mühe, bei jedem Mitglied Ihrer Familie in den Erinnerungen zu stöbern. Doch manchmal verbirgt unser Verstand die Wahrheit, und wir können die Wiederholung eines Musters nicht sehen. In diesem Fall sollten Sie sich an einen

Therapeuten wenden, um sich helfen zu lassen (zum Beispiel an einen Psychologen, der sich auf Psychogenealogie oder transgenerationale Prozesse spezialisiert hat, oder versuchen Sie es mit einer Familienaufstellung).

Die folgenden Fälle zeigen, wie wichtig diese emotionale Reinigung ist. Claudie, eine Freundin von mir, beklagte sich, dass sie sich in Männer verliebte, die nicht verfügbar waren. Der erste war Arzt und widmete seine Zeit seiner Arbeit. Der zweite war verheiratet und gab ihr die Hoffnung, dass er seine Frau für sie verlassen würde, was er nie gemacht hat. Der dritte, ein Künstler, war ständig auf Reisen und weigerte sich, eine ernsthafte Beziehung einzugehen. Die nächsten waren alle verheiratet. Außerdem litt Claudie an **Endometriose**, die in der Krankheitssymbolik für die Angst steht, dass ein Kind die Partnerschaft oder den Alltag auf den Kopf stellen könnte. Sie erzählte mir, dass ihre Mutter ihren Mann (Claudies Vater) nie geliebt hatte. Sie war unsterblich in einen anderen verliebt und wollte ihn eifersüchtig machen, indem sie eine Affäre mit seinem besten Freund hatte. Als sie von ihrer Schwangerschaft erfuhr, blieb sie notgedrungen bei dem Vater. Tag für Tag versank die Mutter in einer Art krankhaftem Fatalismus: »Ich habe nicht das Leben, das ich mir gewünscht hatte, das Problem ist diese Schwangerschaft, ich wäre lieber allein geblieben.« Unbewusst übertrug sie so ihre Verletzung auf ihre Tochter. Ohne Kind oder dauerhafte Beziehung lebte Claudie also den »Traum« ihrer Mutter. Ihr Körper *sagte* ihr (durch die Endometriose), dass sie sich von diesem emotionalen Muster, das nicht zu ihr gehörte, befreien konnte.

Die Übertragung kann sich auch auf andere Weise ausdrücken. Emma kam mit gesundheitlichen Problemen, insbesondere mit den Atemwegen (Asthma), zu einem meiner Workshops. Als ich über diese unsichtbaren Verbindungen redete, stellte sie verblüfft fest, dass ihr zweiter Vorname, Sophie, der Name ihrer Patentante war, die immer unter schweren Lungenentzündungen, **Asthma** und chronischer **Bronchitis** gelitten hatte.

DIE FRAGE NACH DEM GEHEIMNIS

Jede Familie hat ihre Geheimnisse. Manchmal werden sie über Generationen hinweg vergraben, weil wir Angst haben, dass sie unser Gleichgewicht stören könnten. Daher werde ich immer wieder gefragt, ob es wichtig ist, diese Geheimnisse ans Licht zu bringen. Wir glauben, dass wir mit unserem Schweigen unsere Angehörigen und vor allem unsere Kinder schützen. Wir schweigen, um die Scham zu vermeiden oder um nicht gestehen zu müssen, dass wir gelogen haben, weil wir Angst haben zu enttäuschen, weil wir nicht wissen, wie wir es sagen sollen, oder weil wir vielleicht versprochen haben zu schweigen. Doch ein Geheimnis kann sich auf unser Leben oder das unserer Nachkommen auswirken. Wenn wir die Vergangenheit unserer Vorfahren und der Personen, deren Vornamen wir tragen oder zu denen wir eine besondere Beziehung haben (Pate, Patin), kennen, haben wir die Möglichkeit, unsere Lebensprüfungen zu verstehen. Oft ist ein Geheimnis, das zu einer bestimmten Zeit beschämend war, es Jahre später weniger. Lassen wir einfach unsere Herzen sprechen, wie zum Beispiel: »Wenn man viel durchmachen musste, kann man selbst auch Fehler machen.« Wenn man davon ausgeht, dass die Person vor ihrem Fehlverhalten wahrscheinlich viel Leid erfahren hat, gesteht man ihr das Recht zu, sich irren zu dürfen. Wenn unsere Kinder spüren, dass wir eine Person verurteilen, werden sie dabei *heraushören*, dass auch sie kritisiert werden können, und sie werden ihre eigenen Geheimnisse für sich behalten.

Wir können dieses emotionale Erbe erfassen, indem wir uns die Beziehungen unserer Eltern zu ihren eigenen Eltern und Geschwistern anschauen und dann die Beziehungen betrachten, die wir zu unserer Familie haben. Stellen wir uns nun folgende Fragen. Haben wir den Kontakt zu unserer Familie abgebrochen? Sind wir ständig dabei zu verurteilen? Sind wir auf einen Bruder oder eine Schwester eifersüchtig? Haben wir uns von unseren Eltern entfernt? Haben wir unsere Probleme beiseitegeschoben, anstatt zu versuchen, sie zu lösen? Wir gehen das Risiko ein, dass unsere Kinder später genauso mit uns umgehen. Würden wir uns nicht mit aller Kraft wünschen, dass uns unsere Fehler verziehen werden? Und wenn wir in der Lage wären, das Gleiche für unsere eigenen Eltern zu tun?

Wenn wir außerdem der Meinung sind, dass nur ein Elternteil für all unser Unglück verantwortlich ist, werden wir wahrscheinlich Konflikte mit Personen des gleichen Geschlechts erleben. Wenn wir an dieser Beziehung arbeiten und die emotionalen Traumata, die wir durch oder mit diesem Elternteil erlebt haben, »entgiften«, können wir endlich den ewigen Kreislauf unserer Lebensprüfungen durchbrechen.

- *Wenn es uns nicht gelingt, unseren Verwandten von einem traumatischen Ereignis zu erzählen, schreiben wir einen Brief und stellen ihn denjenigen zur Verfügung, die davon wissen wollen, mit dem Hinweis, dass sie ihn lesen können, man aber noch nicht bereit ist, Fragen zu beantworten. Eines Tages wird auch das möglich sein. So verhindern wir, dass sich das Trauma bei unseren Nachkommen wiederholt.*

Manchmal stellen uns unsere Eltern ungewollt vor genau die gleiche Lebensprüfung, die sie selbst in ihrer Kindheit erschüttert hat. Das geschieht nicht böswillig, es handelt sich um eine transgenerationale Last. In diesem Zusammenhang erinnere ich mich an eine ungewöhnliche Geschichte: Anfang des zwanzigsten Jahrhunderts wurde ein Schiffbauer einer Werft nach Dakar versetzt. Seine Frau hatte gerade ein kleines Mädchen namens Madeleine zur Welt gebracht. Sie folgte ihrem Mann nach Afrika, aber aus Angst, das Kind könnte sich Krankheiten einfangen, vertraute sie das Baby der Großmutter in Dünkirchen an. Madeleine litt sehr darunter, ihre Eltern nicht zu kennen, die erst zehn Jahre später nach Frankreich zurückkehrten. Als der Zweite Weltkrieg ausbrach, war Madeleine verheiratet und hatte drei Kinder. Sie flüchteten vor der deutschen Invasion in den Süden, die älteste Tochter hatte die Aufgabe, sich um das Neugeborene zu kümmern.

Die lebhafte jüngere Tochter Claire ließen sie jedoch bei ihrer Großmutter zurück. Das Mädchen war davon schwer getroffen. Aber warum begriff Madeleine nicht, dass sie ihrer Tochter die gleiche Lebensprüfung auferlegte, die sie selbst durchgemacht hatte?

Wir dürfen nie vergessen, dass eine Seelenwunde (hier als Verlassenwerden wahrgenommen) immer wieder auftritt und von einem Nachkommen erneut erlitten wird, solange sie nicht geheilt ist. Wenn Claire ihrer Mutter diese Verletzung weiterhin nachträgt, ohne zu verstehen, dass es hier um die Last ihrer Großmutter geht (die nicht die *Schlüssel* hatte, um sich davon zu befreien), kann sich diese Wunde des Verlassenwerdens bei einem ihrer Kinder, Enkelkinder oder Neffen wiederholen, bis sich jemand davon befreit – sich selbst und damit vermutlich die ganze Nachkommenschaft. Claire kann berechtigterweise denken, dass sie die am *wenigsten geliebte* der drei Töchter ist, weil ihre Eltern nur ihr allein diese traumatische Erfahrung auferlegten, aber wir dürfen nicht vergessen, dass wir unsere Eltern wegen der Prüfungen *ausgewählt* haben, die uns ermöglichen, unsere Seele zu heilen. Sollten wir ihnen die Schuld für das geben, was wir in diesem Leben gesucht haben: uns zu heilen und unsere größten Herausforderungen zu überwinden? Sind unsere Geschwister für das verantwortlich, was wir nicht erhalten haben, obwohl unsere Seele diesen Platz in der Geschwisterreihe gewählt hat?

- *Es ist das stärkste Kind oder das Kind, das am besten in der Lage ist, die Wunde zu heilen, mit dem sich das Ereignis wiederholt.*

Hören wir auf, uns schuldig zu fühlen, weil wir unsere Eltern und Verwandten schon so lange nicht mehr liebevoll betrachtet haben. Wir haben von den Herausforderungen unserer Seele bis vor Kurzem noch nichts gewusst … Jetzt können wir uns befreien.

11. KAPITEL

Sich endlich befreien

Die Befreiung von transgenerationalem Erbe ist einfach – dank des folgenden Protokolls, das Sie mit diesen Personen anwenden können:

- mit Verstorbenen (auch Tieren), deren Tod Sie sehr traurig macht,
- mit sehr wohlwollenden Mitgliedern Ihrer Familie, ob am Leben oder verstorben, von denen Sie eine Last, ein Gesundheitsproblem oder eine emotionale Wunde geerbt haben,
- mit allen, die durch wiederholte Krankheiten in der Familie bei Ihnen »einschränkende« Glaubenssätze hervorgerufen haben (zum Beispiel: »Männer sterben mit fünfundfünfzig«, »Frauen haben Krebs« …),
- mit all jenen, mit denen es Spannungen und Konflikte gegeben hat, mit denen Sie ins Reine kommen oder durch die Sie einfach nicht mehr beeinträchtigt werden wollen,
- mit Ihren Kindern, wenn Sie sich mehr Harmonie in ihrer Beziehung wünschen.

Wenn die entsprechende Person Ihnen Energie geraubt hat (manchmal unabsichtlich), indem sie Sie aus dem Gleichgewicht gebracht hat, wie es Eltern tun, wenn sie leiden, ist das Protokoll 7 nicht ausreichend. Führen Sie stattdessen die Protokolle 6 und 8 durch.

Was mich betrifft, so habe ich die Bindung zu meiner Großmutter gereinigt, und eine berufliche Last ist von mir abgefallen. Ich habe das Protokoll auch mit meiner Tante, deren Vornamen ich trage, durchgeführt, um ihre Beziehungsschwierigkeiten nicht zu erben. Mit meinen Eltern habe ich es ebenfalls angewandt, da ich einige Wunden und Lebensprüfungen von ihnen übernommen hatte. Ich habe es auch mehrmals auf Menschen angewendet, mit denen ich in Konflikt geraten war, und diese Beziehungen haben sich in den meisten Fällen auf außergewöhnliche Weise verbessert. Und selbst bei denjenigen, mit denen die Kommunikation kompliziert blieb, bemerke ich, dass ich seit der Protokolldurchführung einen deutlichen Abstand zur Situation und den schmerzhaften Erinnerungen gewonnen habe. Das ist eine echte Erleichterung.

REINIGEN VON SCHMERZHAFTEN BINDUNGEN

Protokoll 7 ist das einzige, das Sie mit Ihren Kindern durchführen können, mit dem Ziel, Spannungen abzubauen. Ihr Kind könnte dieses Protokoll auch selbst mit einem Elternteil durchführen, sofern dies notwendig erscheint, und nur wenn es den Sinn dahinter versteht und selbst motiviert, reif genug und freiwillig dazu bereit ist.

Sie können das Protokoll auswendig lernen. Alternativ können Sie es auf Ihrem Smartphone aufnehmen und Pausen einlegen, um die Sätze dann laut zu wiederholen. Oder Sie legen das geöffnete Buch neben sich und lesen die Sätze daraus vor.

Protokoll 7
Sich von emotionalem Erbe befreien

Damit dieses Protokoll wirklich wirksam sein kann, sollten Sie **zuvor** unbedingt die Protokolle 5 (Seelenrückholung nach einem Schock) und 6 (Seelenrückholung nach einem Energieraub) durchgeführt haben, und zwar mit allen Personen, die Ihnen einen Teil Ihrer Energie entzogen haben. Nehmen Sie sich außerdem die Zeit, erneut das Kapitel 9 zu lesen.

1. Wählen Sie einen ruhigen Ort, setzen Sie sich auf einen Stuhl und stellen Sie sich einen zweiten Stuhl gegenüber. Bitten Sie Ihre Zeugen an Ihre Seite, die beiden Lichtwesen, die für den reibungslosen Ablauf des Protokolls sorgen werden (siehe Protokoll 5, Schritt 2). Stellen Sie sich mit geschlossenen oder geöffneten Augen die Präsenz der beiden ausgewählten Lichtwesen vor, ihre Liebe und ihr Wohlwollen, die Sie umgeben. Wenn Sie sich das nicht vorstellen können, machen Sie einfach weiter, es funktioniert auch so.

2. Laden Sie dann die Person ein, mit der Sie sich gestritten haben oder deren emotionale Lasten Sie nicht mehr tragen wollen, und stellen Sie sich vor, dass sie sich Ihnen gegenüber hinsetzt. Sagen Sie laut: **»Danke, ...** (Namen Ihrer gewählten Lichtgestalten), **dass ihr ...** (Name der entsprechenden Person) **bittet, sich mir gegenüber hinzusetzen.«**
3. Nun sagen Sie der Person laut, was Sie auf dem Herzen haben. Wenn es sich um ein Familienmitglied handelt, das Sie kaum gekannt haben oder das Ihnen gegenüber immer sehr aufmerksam war, sagen Sie ihm: **»Es gibt nichts, das ich dir vorwerfen könnte und ich habe dich sehr gerne, du bist hier, weil ich mich emotional befreien möchte.«** Wenn es um ein emotionales Erbe geht, fahren Sie wie folgt fort: **»Deine Wunde ...** (nennen Sie diese) **und deine Lasten ...** (nennen Sie diese) **wiederholen sich in meinem Leben ...** (präzisieren Sie, wie sie sich wiederholen). **Es handelt sich um deine Lasten und deine Verletzungen; ich befreie mich von ihnen, so wie auch du dich von ihnen befreien kannst. Indem du dich von deinen Lasten befreist, kannst du mir helfen.«** Beispiel: »Dass du unglücklich in der Liebe warst, dass du nicht den Beruf deiner Träume ausgeübt hast, dass dein Bruder dich um dein Erbe betrogen hat, hast du als Ungerechtigkeit wahrgenommen.

Und ich erlebe diese Ungerechtigkeit auch in meiner Beziehung. Damit ist jetzt Schluss, diese Last und diese Ungerechtigkeit gehören dir. Ich befreie mich von ihnen, so wie auch du dich von ihnen befreien kannst.« Zu einem Verstorbenen, dessen Tod Sie belastet, sagen Sie Folgendes: »Ich habe unter deinem Tod gelitten, geh ins Licht, damit du im Frieden sein kannst und mir helfen kannst, selbst im Frieden zu sein.«

4. Nun schweigen Sie. Alle Gedanken, die Ihnen sofort kommen, sind in Wirklichkeit die Antworten dieser Person: Sie fühlen Dankbarkeit, eine Emotion, die Ihnen die Tränen in die Augen treibt. Wenn nichts mehr kommt, bedeutet das, dass die andere Person nichts mehr mitzuteilen hat. Wenn gar kein Gedanke kommt, ist das ein Zeichen dafür, dass die Person mit dem, was Sie gesagt haben, übereinstimmt.
5. Sagen Sie dann mit lauter Stimme: **»Du hast mir zugehört, ich habe dir zugehört. Vor Zeugen ...** (nennen Sie die ausgewählten Lichtwesen) **bitte ich darum, dass die schmerzhafte Bindung zwischen ...** (nennen Sie den Namen der entsprechenden Person) **und mir (sowie dein emotionales Erbe) in diesem und in allen anderen Leben vollständig gereinigt und von allem Leid befreit wird und nur die Verbindung der Liebe bestehen bleibt.«**

Linus Pauling, Nobelpreisträger für Chemie und Friedensnobelpreisträger, sagte einmal: »Das Leben besteht nicht aus Molekülen, sondern aus den Verbindungen, die zwischen ihnen bestehen.« So betrachtet kann man verstehen, weshalb ein Familienmitglied, selbst ein entferntes, einen Einfluss auf unsere Gesundheit haben kann, wie im folgenden Beispiel. Nelly ist Krankenschwester in Douarnenez in der Bretagne. Der Säugling einer Kollegin wurde wegen einer Pylorusstenose (eine Verengung im Bereich des Magenausganges, er erbricht, was er trinkt) operiert und liegt im Krankenhaus. Nelly erzählt mir: »Da ich nach Ihrem Workshop sensibilisiert war für die Auswirkungen der familiären Bindungen, fragte ich sie heute, ob jemand in ihrer Familie dieses Problem schon einmal hatte. Sie sagte mir, dass ihr Onkel ebenfalls darunter gelitten hatte. Also fasste ich mir ein Herz und sagte ihr, sie solle ihrem Baby sagen, dass es nicht seine Geschichte sei und dass es sich selbst vertrauen solle, weil es sich davon befreien könne. Das hat sie getan. Heute Abend geht es dem Kind gut. Es hat sein Fläschchen getrunken und die Nahrung behalten. Es scheint viel ruhiger zu sein. Das ist wirklich verblüffend, noch gestern früh wäre ich nicht in der Lage gewesen, all das zu erkennen.«

DURCHTRENNEN VON TOXISCHEN BINDUNGEN

Einen dunklen Fleck gab es noch in meinem Leben. Vor Jahren hatte mein Ex meine Familie so sehr angegriffen, dass unser ohnehin schon labiles Gleichgewicht aus den Fugen geriet. Er war von Liebeskummer getrieben, von Verbitterung über eine

Zurückweisung, und seine Taten hatten mich am Boden zerstört. Natürlich behauptete er, dass alles meine Schuld sei. Ich schwankte zwischen Hass und Rachegelüsten. Diese schmerzhafte Bindung zu reinigen war damals undenkbar. Was ihn betraf, war ich überhaupt nicht bereit, mit dieser Arbeit zu beginnen. In dieser geistigen Verfassung war ich, als meine kleine Schwester nach einem geplatzten Aneurysma ins Koma fiel. Eine Sekunde reichte aus, um sie ins Nichts zu stürzen. Ich hatte so eine Tragödie schon einmal erlebt, als ich meinen Mann nach Afghanistan begleitet hatte. Stéphanes Bruder war dort bei einem Autounfall ums Leben gekommen, quasi vor unseren Augen. Natürlich hatte ich bereits meine Großeltern, einige Onkel, Tanten und sogar einige meiner Freunde verloren. Aber dieses Mal war es meine Schwester. Völlige Niedergeschlagenheit, Wut und dann Traurigkeit überwältigten mich. Gleichzeitig erschienen mir meine alltäglichen Sorgen plötzlich lächerlich. In der Zeit meiner Besuche bis zu ihrem Tod wurde ich mir der allgegenwärtigen Wut bewusst, die ich immer noch auf meinen Ex hatte. Es war absolut notwendig, mich von diesem Hass, dieser Schwärze in mir zu befreien. Aber wie sollte ich das tun? Ich erinnerte mich an das Protokoll zur Reinigung von schmerzhaften Bindungen und an eine *radikalere* Version davon. In Bezug auf diese toxischen Beziehungen geht es nicht mehr darum zu *bitten*, sondern zu *befehlen*. Man *reinigt* die schmerzhaften Bindungen nicht mehr, sondern *durchtrennt* sie. Man wählt nicht die *Liebe* als Ziel, sondern den *Frieden*.

Als ich dies in die Praxis umsetzte, spürte ich, wie ein Gewicht von meinem Körper abfiel. Ich wusste, dass ich einen entscheidenden Schritt in meinem Leben erreicht hatte: Es gelang mir, diesen Teufelskreis, diesen endlosen Konflikt, der uns verband, zu durchtrennen. Und diese Entwicklung zur Seelenruhe verdanke ich meiner verstorbenen Schwester.

Dieses Protokoll kann durchgeführt werden mit:

- Ihren biologischen Eltern, falls Sie verlassen worden sind,
- Personen (lebenden oder verstorbenen), die Ihnen Energie geraubt haben, weil sie Ihnen Leid zugefügt haben (führen Sie zuvor das Protokoll 6 durch),
- lebenden oder verstorbenen Familienmitgliedern, von denen Sie eine Last, ein Gesundheitsproblem oder eine emotionale Wunde geerbt haben und die Ihnen Energie geraubt haben, indem sie Sie aus dem Gleichgewicht gebracht haben oder Sie haben leiden lassen (führen Sie zuvor Protokoll 6 durch).

Protokoll 8
Schmerzhafte Bindungen durchtrennen

Wenn eine lebende oder bereits verstorbene Person Ihnen Energie geraubt hat, weil sie Ihnen Leid zugefügt, Sie kritisiert, misshandelt oder gedemütigt hat oder Sie durch ihr Schweigen, ihr unberechenbares Verhalten, ihre Tränen, ihre Wut oder ihre Gewalt (physischer, psychischer oder sexueller Art) aus dem Gleichgewicht gebracht hat, **führen Sie vorher Protokoll 6 durch.**

1. Der Anfang ist immer gleich (siehe Protokoll 5, Schritt 2): Sorgen Sie für eine ruhige Atmosphäre, nehmen Sie zwei Stühle, laden Sie zwei höhere Wesenheiten ein, die Ihnen beistehen, und stellen Sie sich ihre wohlwollende Präsenz vor (wenn Ihnen das nicht gelingt, macht das gar nichts).
2. Laden Sie die Person ein, mit der Sie einen oder mehrere Konflikte erlebt haben, und sagen Sie laut: **»Danke, ...** (nennen Sie die Namen der Lichtwesen, die Sie ausgewählt haben), **dass ihr ...** (nennen Sie den Namen der entsprechenden Person) **befehlt, sich mir gegenüberzusetzen.«** Wenn Sie den Namen der Person, die Ihnen Leid zugefügt hat, nicht kennen, ersetzen Sie ihn durch »die Person, die mir ... angetan hat«.
3. Sagen Sie ihr laut, was Sie auf dem Herzen haben, und befreien Sie sich von Ihrem Schmerz. Wenn es sich um Ihre Eltern, Großeltern, Onkel oder Tanten handelt, nutzen Sie die Gelegenheit, sich von ihren seelischen Lasten zu befreien, indem Sie sagen: **»Deine Wunde ...** (nennen Sie sie) **und deine Lasten ...** (nennen Sie sie) **wiederholen sich in meinem Leben ...** (präzisieren Sie, wie sie sich wiederholen). **Es handelt sich um deine Lasten und deine Verletzungen; ich befreie mich von ihnen, so wie auch du dich von ihnen befreien kannst.«** Zum Beispiel: »Die Gewalt, die du durch deinen Va-

ter erleiden musstest, hast du mich ebenso erleiden lassen. Ich möchte diese Last nicht länger tragen. Ich befreie mich davon, wie auch du dich davon befreien kannst.«

4. Nun schweigen Sie. Auch hier gilt: Die Gedanken, die Ihnen durch den Kopf gehen, sind die Antworten der Person. Wenn nichts mehr kommt, bedeutet dies, dass die Person fertig ist. Wenn Ihnen gar kein Gedanke gekommen ist, bedeutet das, dass sie mit dem, was Sie gesagt haben, einverstanden ist.
5. Sagen Sie laut, mit viel Kraft und tiefer Intention: **»Du hast mir zugehört, ich habe dir zugehört. Vor Zeugen** (nennen Sie die ausgewählten Lichtwesen) **befehle ich, dass die schmerzhafte Bindung zwischen ...** (nennen Sie die entsprechende Person) **und mir** (dein emotionales Erbe) **in diesem und allen anderen Leben durchtrennt und nur die friedvolle Bindung bestehen bleibt.«**

Natürlich gibt es auch andere Techniken, die diesem Protokoll ähnlich sind, aber der Vorteil an diesem hier ist, dass uns zwei mächtige Verbündete während des gesamten Prozesses zur Seite stehen. Ihre Hilfe ist wertvoll, wenn der andere irgendeine Form von Widerstand zeigt.

Denken Sie daran, dass Sie nicht die Bindung selbst durchtrennt haben, sondern die *schmerzhafte Bindung*. Das ist ein wichtiger Punkt für diejenigen, die das Bedürfnis verspüren, das Protokoll mit einem Vater, einer Mutter oder sogar einem Bruder oder einer Schwester anzuwenden. Wie bei allen Energieprotokollen sprechen Sie laut, und führen Sie es mehrmals durch, um die Intention zu verstärken. Beim zweiten Mal werden Sie sich sicherer fühlen. Beim dritten Mal wird die Energie, mit der Sie die Sätze aussprechen, zu besseren Ergebnissen führen. Wiederholen Sie das Protokoll, sobald Bruchstücke der vorangegangenen Probleme auftauchen. Sobald Sie sich von der Last dieser Beziehung befreit fühlen, können Sie dieses Ritual bei Bedarf auch mit einer anderen Person durchführen.

Dieses Protokoll ist eine Kommunikation von Seele zu Seele. Die andere Person ist nicht physisch anwesend, aber ein Teil von ihr hat unsere Worte gehört. Manchmal wirkt sich das erheblich auf die Beziehung zwischen den beiden Personen aus, und wir sind über die plötzliche positive Veränderung des anderen überrascht. Andere Male hat es nur eine Wirkung auf uns selbst, aber wir werden durch das Handeln der anderen Person nicht mehr verletzt, haben keine Angst mehr. Ich persönlich habe erlebt, wie sich mein Hass und meine Bitterkeit in Luft aufgelöst haben, was mein Leben erheblich erleichterte. Das wirkte sich sofort auf die Beziehungen zu meiner Familie und meinen engen Freundeskreis aus. Die Probleme rückten in weite Ferne. Ich hatte mich befreit.

Wenn das Protokoll nicht funktioniert, stellen Sie sich die richtigen Fragen: Haben Sie die Seelenrückholung nach einem

Schock (Protokoll 5) durchgeführt (und ungefähr zwei Wochen später wiederholt)? Gleiche Frage in Bezug auf Protokoll 6! Vielleicht haben Sie vergessen, es mit einer Person auszuführen. Manchmal ist die Liste lang. Vater, Mutter, Bruder, Schwester, Ex-Partner, Kollegen, Freunde … Nehmen Sie sich die Zeit, das gesamte Kapitel 9 noch einmal zu lesen, und gehen Sie nicht zu schnell vor. Es ist schwierig, den Kreislauf der Prüfungen, die sich wiederholen, mit Abstand zu betrachten. Zögern Sie nicht, einen Therapeuten oder eine andere Person Ihrer Wahl um Rat zu fragen, um eine andere Sicht auf die Wiederholungen dieses emotionalen Erbes in Ihrer Familie zu bekommen.

Um sich von schmerzhaften Bindungen zu befreien, bieten sich zwei Protokolle an:

- ***Protokoll 7**, um die Verbindung zu einem (lebenden oder verstorbenen) Verwandten zu reinigen, sich von einem emotionalen oder transgenerationalen Erbe zu befreien und nicht mehr die Last »fremder« Lebensprüfungen tragen zu müssen. Achten Sie auf die Vornamen, die Sie tragen. Sie sind Hinweise auf Personen, zu denen Sie vielleicht eine Bindung haben, die Sie reinigen müssen. (Denken Sie nicht, dass Sie Ihren Kindern mit der Wahl eines Vornamens die emotionale Last ihrer Vorfahren weitergegeben haben. Die emotionale Weitergabe findet unabhängig vom Vornamen statt. Und dem Kind einen Vornamen aus seiner Familie zu geben, ist ein Vorteil, der ihm später helfen wird, sich zu befreien). Sie können auch* *die Verbindungen zu Personen in Ihrem Umfeld (Freundschaft, Beruf, Liebe) reinigen, damit Unannehmlichkeiten, Streitigkeiten und Groll Sie nicht mehr belasten und Sie aufhören, anderen Ihre Seelenwunden zuzufügen.*

- ***Protokoll 8****, um schmerzhafte Verbindungen zu durchtrennen, ist bei konfliktreichen oder unangebrachten Beziehungen (zum Beispiel wenn ein Elternteil uns unseren Status als Kind nimmt) oder bei toxischen Bindungen (von Kritik, Missbrauch, Demütigung geprägte Beziehungen oder solche, die durch Wut, Schweigen, unberechenbares Verhalten, Weinen oder physische, psychische oder sexuelle Gewalt bestimmt sind) durchzuführen.*
- ***Adoptierte Kinder*** *können diese zwei Protokolle mit ihrer Adoptionsfamilie durchführen, weil sich auch hier die Lebensprüfungen auf gleiche Weise wiederholen. Wir sollten nicht vergessen, dass unsere Seele sich unsere Verwandten ausgesucht hat, um die gleichen Wunden so lange durchzuspielen, bis wir sie geheilt haben.*
- *Lassen Sie den Protokollen Zeit, in Ihnen zu wirken. Führen Sie sie nicht nahtlos hintereinander aus. Handeln Sie überlegt und ohne Hast.*

Schließen wir dieses Kapitel mit einem letzten Beispiel: Bei einem Vortrag in Belgien spricht mich ein Ehepaar in den Sechzigern an. Der Ehemann sagt mir: »Sie können sich nicht vorstellen, wie froh wir über dieses Protokoll sind. Meine Frau hat eine schreckliche Mutter, die sie einfach abgeschoben hat, als sie noch klein war.« Die Frau trocknet ihre Tränen und fügt hinzu: »Sie hat mich in ein Internat gesteckt, während sie meine Brüder bei sich behalten hat. Ich durfte nicht nach Hause kommen, bis ich verheiratet war. Sie ist toxisch. Meine ältere Schwester starb, als sie nur wenige Tage alt war, die Schwester, die direkt nach mir geboren wurde, starb ebenfalls. Sogar unsere drei Katzen starben, als sie noch klein waren. Jetzt werfen mir meine eigenen Töchter vor, dass sie ihre Großmutter nicht kennen. Auch jetzt noch tut sie mir Unrecht. Ich werde das Protokoll ausführen und hoffentlich endlich aufhören zu leiden, ich will nie wieder etwas von ihr hören.« Ihre Wut ist spürbar. Meine Intuition gibt mir manchmal seltsame Informationen, aber ich höre auf sie, ohne mir Fragen zu stellen. Ich sage dieser Frau also: »Vielleicht war das Haus, in dem Ihre Familie wohnte, ein schädliches Haus für alles, was klein und weiblich ist?« (Solche Phänomene wurden insbesondere vom Biologen Rupert Sheldrake nachgewiesen, der das Vorhandensein *morphischer Felder* nachwies, die eine wiederkehrende Information enthalten und die er als *Gedächtnis der Natur* bezeichnet. Was Parapsychologen als *Gedächtnis der Mauern* bezeichnen, wenn die Information mit einem Drama an einem Lebensort zusammenhängt.) »Und wenn Ihre Mutter, anstatt Sie aus der Familie zu reißen, Sie von einem Ort entfernt hätte, der Ihre beiden Schwestern und die kleinen Katzen getötet hat? Das geschah natürlich unbewusst. Aber sie hat Ihnen vielleicht den besten aller Dienste erwiesen: Sie hat getan, was sie tun musste, damit Sie leben konnten, indem sie Sie von einem für Sie schädlichen Haus fernhielt. Sobald Sie eine junge Frau geworden waren, konnten Sie zurückkehren.« Die Frau beginnt zu zittern und hält sich die Hand an den Mund: »Das berührt mich und lässt etwas anklingen. Ich habe immer gedacht, dass ich ihr niemals verzeihen kann, jetzt weiß ich, dass ich es schaffen werde.«

So viele Menschen haben mir erzählt, dass sie beim Lesen dieses Protokolls, noch bevor sie es ausführten, eine spürbare Erleichterung in sich spürten. Als ob der Prozess bereits in Gang gesetzt worden wäre. Ich bin überzeugt, dass diese Frau in dem Moment, als ich das Verfahren im Konferenzsaal beschrieb, begann, das Ritual in sich zu integrieren, weshalb dieser Sinneswandel so schnell möglich war. Wenn wir von unseren Verletzungen befreit sind, rücken Hass und Wut in weite Ferne.

12. KAPITEL

Lösen Sie Ihre Blockaden

Schritt für Schritt setzen Sie Ihren Weg der Heilung fort. Sie haben sich von Ihren eigenen emotionalen Lasten befreit und haben jene abgelegt, die nicht die Ihren waren. Besser noch, Sie haben die Risse geschlossen, die durch Wunden entstanden sind, die Sie nun identifiziert haben. Nach so vielen Prüfungen haben Sie sich wieder aufgerichtet, für immer verändert und sind vor allem stärker. Ihr Leben hat sich in eine positive Richtung entwickelt, und Sie denken plötzlich anders. Sie sind nicht mehr die Person, die sich für ein Opfer der anderen oder des Lebens im Allgemeinen hielt. Ein Teil Ihres Leids hat sich aufgelöst, und Sie verstehen nicht, warum manche Blockaden immer noch bestehen. Notieren Sie hier alles, was nicht im Flow ist, Träume, die Sie nicht umsetzen können, oder alles, was in Ihrem Leben nicht richtig vorankommt:

- ………………………………………………
- ………………………………………………
- ………………………………………………

- ....
- ....
- ....

Diese Blockaden stammen entweder von emotionalem Erbe oder von Schuldgefühlen, die mit Ihrer frühen Kindheit zusammenhängen.

VERERBTE BLOCKADEN LÖSEN

Identifizieren Sie Ihre Blockaden (berufliche, finanzielle, familiäre, emotionale), um diejenigen zu lösen, die aus Ihrer Familie stammen, und stellen Sie fest, um welches Problem es geht:

- einen Mangel an Anerkennung durch andere,
- die Schwierigkeit, Ihren Platz in der Partnerschaft, in der Familie, im Beruf zu finden (Sie haben Angst, nicht zu genügen, Sie fühlen sich unsichtbar oder stehen im Schatten von ...),
- ein Legitimitätsproblem (sich selbst gegenüber), Sie geben sich nicht das Recht auf Glück, Erfolg, Stolz, Fülle.

Notieren Sie nun die größten Dramen, Lebensprüfungen und Misserfolge Ihrer Eltern, Großeltern und der Verwandten, deren Vornamen Sie tragen.

- ....
- ....
- ....

- ....
- ....
- ....

Vergleichen Sie die beiden Listen, seien Sie aufmerksam für alles, was sich wiederholt, und reinigen Sie dann die schmerzhaften Bindungen zu diesen Personen mithilfe von Protokoll 7.

Blockaden, die man im Alltag erlebt, können auch von Schuldgefühlen herrühren, die sich hinterhältig bei jeder Gelegenheit einschleichen und uns ausbremsen, selbst wenn wir gerade Erfolg haben.

SCHLUSS MIT DEN SCHULDGEFÜHLEN!

Manche Menschen scheinen eine Veranlagung zu haben, sich schuldig zu fühlen. Ich persönlich muss in meinem früheren Leben ein Bernhardiner gewesen sein, einer dieser riesigen Hunde mit den treuen Augen, die die Bergrettung früher einsetzte, um verirrte Personen aufzuspüren, und die noch immer mit einem Alkoholfässchen um den Hals dargestellt werden. Genau wie sie kann ich es nicht ertragen, jemanden leiden zu sehen. Ich nehme die Gefühle anderer auf wie dreilagiges Löschpapier. Diese Neigung, mich angesichts des Unglücks anderer schuldig zu fühlen, wurde durch die Anwesenheit von Menschen verstärkt, die mir mein ganzes Leben lang immer wieder gesagt haben, dass alles meine Schuld sei. Aber ich war die Erste, die selbst so dachte!

Das Schema ist bekannt: Wenn man sich schuldig fühlt, nehmen andere das wahr und beschuldigen einen tatsächlich. Daraufhin folgt eine unschlagbare Logik: Ohne es zu merken, *bestraft* man sich selbst, indem man sich all das verwehrt, wonach jeder Mensch strebt: Liebe, Glück, Anerkennung und Erfolg. Sich selbst davon zu überzeugen, dass man Wertschätzung verdient, reicht leider nicht aus, um sie zu erlangen. Man trägt eine hochwirksame vollautomatische Bremse in sich. Ich habe festgestellt, dass Menschen, die sich darüber beschweren, ihr Leben entspreche nie ihrem Einsatz, auch wenn sie sich noch so sehr anstrengen, ein tiefes Schuldgefühl verbergen. Entschlüsseln wir also die fünf wichtigsten Situationen, die Schuldgefühle erzeugen.

1. ***Man hat einen nahestehenden Menschen enttäuscht (oder man glaubt, dass es so ist)***
   Weil man gelogen hat, wütend war, etwas vergessen hat, was für den anderen wichtig war, man hat den anderen absichtlich oder unabsichtlich hintergangen. Man hat jemanden versehentlich verletzt oder glaubt, dass man es getan hat. Man hat seine Verpflichtungen nicht eingehalten (Arbeit suchen, mit dem Alkohol aufhören …).
2. ***Man hat jemandem nicht helfen können, sich selbst eingeschlossen***
   Zum Beispiel, weil wir nicht da waren, weil wir einen erhofften Satz nicht ausgesprochen haben, weil wir einen schlechten Rat gegeben haben, weil wir auf Misshandlungen nicht ausreichend reagiert haben, weil wir dem Schmerz eines Angehörigen hilflos gegenüberstanden …

3. ***Man hat ein Leben zerstört (oder man glaubt, dass es so ist)***
   Bei einem Unfall, der durch einen Fehler oder Unachtsamkeit verursacht wurde, oder weil man eine Entscheidung treffen musste, um eine Person (einschließlich sich selbst) zu retten, oder wenn unsere Mutter bei unserer Geburt gestorben ist, oder wenn man ein Geheimnis bewahrt hat, um jemanden zu schützen, und dadurch ein anderes Leben zerstört wurde …
4. ***Man hat mehr als ein anderer erhalten, man hat Unrecht getan, im Glauben, das Richtige zu tun***
   Wenn man von jemandem bevorzugt wird, wenn man mehr bekommen hat als der andere, wenn man glaubt, dass unser Glück und Erfolg jemanden in den Schatten stellen wird, wenn man nach einem schlimmen Ereignis als Einziger noch am Leben ist …
5. ***Man hat jemanden absichtlich verletzt***
   Man hat einer Person Leid zugefügt, entweder aus Bosheit, um ihr zu schaden, aus Eigennutz oder weil man egoistisch gehandelt hat oder weil man zu sehr gelitten hat, und nun packt einen das schlechte Gewissen.

Wie können wir uns von unseren Schuldgefühlen befreien? Es genügt, sich wieder mit jemandem zu verbinden, den wir alle kennen, aber vergessen haben: unserem »inneren Kind«. Es ist der Teil in uns, der ursprünglich voller Enthusiasmus, Leben und Neugierde war, aber einen Riss bekommen hat – zunächst wegen scheinbar harmloser Bemerkungen, dann wegen der vielen Prüfungen, die wir durchleben. Wir werden jetzt nach dem Moment suchen, in dem sich der Schatten über uns gelegt hat, um das Licht wieder zum Vorschein zu bringen. Dabei handelt es sich oft um Situationen, die banal erscheinen, ohne *erkennbare* Folgen, und es wird unserer Umgebung schwerfallen, sie als Ursprung unseres Leids zu betrachten. Wir sind wirklich die Einzigen, die die Not, die wir in diesem Moment erlebt haben, ermessen können.

Notieren Sie alle Schuldgefühle, die Sie im Laufe Ihres Lebens empfunden haben, unabhängig davon, in welchem Alter sie aufgetreten sind, und versuchen Sie nicht, sie in eine Rangfolge zu bringen.

- ....
- ....
- ....
- ....
- ....
- ....

Kreisen Sie das Schuldgefühl ein, das Sie am meisten quält. Wenn es aktuell ist, ist es das Nachbeben einer Erschütterung, die sich viel früher ereignet hat. Suchen Sie in der frühen Kindheit nach einer schmerzhaften Situation, in der Sie die gleiche Art von Schuldgefühl erlebt haben. Gehen Sie so weit wie möglich zurück, denn es geht darum, das allererste Auftreten dieses Gefühls zu finden. Wenn Sie keine genauen Erinnerungen haben, wenden Sie sich an einen Kinesiologen. Kinesiologie blendet den Verstand aus und ermöglicht es Ihnen, über Muskelreflexe Ihren Körper zum Sprechen zu bringen, indem man ihn genau fragt: In welchem Alter habe ich mein erstes Schuldgefühl erlebt? Das wird helfen, Erinnerungen wieder hervorzuholen.

TRÖSTEN SIE IHR INNERES KIND

Sie haben nun herausgefunden, welches Ereignis Ihre Schuldgefühle ausgelöst hat. Jetzt ist es an der Zeit, sich davon zu befreien. Wie können Sie das tun? Ich schlage Ihnen vor, sich wie bei Hypnose in die Vergangenheit zu versetzen, um das betreffende Ereignis für immer zu verändern. Vergessen Sie nicht, dass das Gehirn aufgrund der Spiegelneuronen zwischen einer realen Situation und einer als real wahrgenommenen Übung nicht unterscheidet.

Wenn wir unsere Vorstellungskraft in den Dienst unserer Intention stellen, werden unsere schmerzhaften Erinnerungen aufhören, uns zu beeinflussen.

Protokoll 9
Unser Trost

1. Sie haben ein frühkindliches, folgenschweres Schuldgefühl identifiziert. Wenn Sie zwischen zweien schwanken, entscheiden Sie sich für das, das Sie erlebt haben, als Sie am jüngsten waren, auch wenn es Ihnen weniger wichtig erscheint.

Stellen Sie sich heute als »Großes Ich« zusammen mit einem »Kleinen Ich« vor, also Sie in dem Alter, in dem das schmerzhafte Ereignis stattgefunden hat. Schreiben Sie Ihren Namen neben »Klein« und »Groß«. In meinem Fall sage ich zum Beispiel »*Große Natacha* ist mit *Kleiner Natacha* zusammen«. Wie ein Erwachsener, der sich um ein Kind in Schwierigkeiten kümmert, geht *Groß* liebevoll auf *Klein* zu und umarmt es fest und innig.

2. Dank Ihrer Vorstellungskraft nimmt *Groß* nun *Klein* bei der Hand und führt es an den Ort und an den genauen Zeitpunkt, an dem Sie dieses Schuldgefühl in der Kindheit erlebt haben. Die andere Person, die dieses Gefühl erzeugt hat, ist in Ihren Gedanken präsent, so als wäre sie wirklich da.
3. Erzählen Sie laut, was geschieht, als würden Sie es noch einmal erleben. Stellen Sie sich in dem Moment, in dem die Schuldgefühle ins Spiel kommen, folgende Fragen: Was hätte ich gerne getan? Wie hätte ich mir die Reaktion der anderen Person gewünscht, was hätte ich gerne von ihr gehört? Stellen Sie sich vor, wie sich diese Person hätte verhalten können, damit Sie sich nicht schuldig fühlen (auch wenn das für Sie unvorstellbar ist), und erzählen Sie diese verschönte Fortsetzung. Diese Version muss sehr angenehm sein, damit *Klein* keinen Kummer mehr hat.

Wenn Sie einer Person Schaden zugefügt haben, sei es absichtlich, unabsichtlich, aus Eigennutz oder weil Sie sich schlecht fühlten, bittet *Klein Groß* für die Gründe, die zu diesem Schuldgefühl geführt haben, um Verzeihung. *Klein* dankt Ihnen, dass Sie ihm ermöglicht haben, sich seines Verhaltens bewusst zu werden.

4. Nach der Erzählung der verschönten Geschichte betrachtet *Groß* das Ereignis mit Abstand und beruhigt *Klein*. Verzeihen Sie *Klein*, mit aller Kraft Ihrer Intention. Zum Beispiel mit Worten wie:
   - Du hast in Anbetracht deines Alters dein Bestes gegeben.
   - Wenn du es gewusst hättest, hättest du anders gehandelt.
   - Jeder macht Fehler, so lernt man.
   - Du hast so reagiert, weil du dich unsicher und vergessen gefühlt hast.
   - Du warst zu jung, um das Verhalten von ... zu verstehen.
   - Du kannst nichts dafür, dass du mehr bekommen hast als ..., seine/ihre Seele hat seinen/ihren Platz unter den Geschwistern gewählt, um aus diesen Prüfungen zu lernen.
   - Er/Sie starb, weil seine Zeit gekommen war. Du musstest diesen Schicksalsschlag durchleben, um auf deinem Seelenweg voranzukommen.

- Du warst ungeschickt, hast dich falsch verhalten oder schreckliche Dinge zu … gesagt, aber heute hast du dich geändert und dich entschuldigt.
- Vergiss nicht, dass die Seele deiner Kinder, deiner Schwester, deiner Eltern (die Angehörigen, mit denen Sie diese Situation erlebt haben) sich dafür entschieden hat, in dieser Familie zu inkarnieren, um bestimmte Prüfungen zu überwinden.

5. *Groß* schließt nun das Protokoll mit folgenden Worten an *Klein*: »Du bist auf die Welt gekommen, um aus deinen Fehlern und Prüfungen zu lernen, und du wirst den Menschen um dich herum viel Gutes und Wichtiges bringen. Du musst dir selbst verzeihen, du bist es wert, geliebt zu werden, und du hast ein Recht auf Glück. Je glücklicher du bist, desto mehr Freude wirst du um dich herum verbreiten können. Ich werde immer für dich da sein, ohne dich zu beurteilen, du brauchst die Anerkennung der anderen nicht mehr, um deinen Weg zu gehen. Du hast mich nie enttäuscht, und ich werde mich immer gut um dich kümmern. Ich akzeptiere dich so, wie du bist. Ich liebe dich bedingungslos und für immer.«

Hinweis: Es ist wichtig, dass es *Groß* gelingt, *Klein* davon zu überzeugen, dass es nicht mehr allein ist und dass *Groß* es immer bedingungslos lieben wird. Sie müssen Worte finden, um dieses Kind, das gelitten hat, von seiner Not zu befreien, von seiner Wut, der Angst, etwas falsch zu machen, dem Kummer, den Schuldgefühlen, der Scham, dem Gefühl des Verlassenwerdens und all seinen Ängsten. Dafür müssen Sie keine Sätze auswendig lernen, bleiben Sie spontan. Wenn Tränen fließen, ist das ein Beweis einer erleichternden Befreiung.

Falls Sie es nicht schaffen, diese Übung allein durchzuführen, können Sie einen Therapeuten für Hypnose, EFT, EMDR, Körperpsychotherapie oder Sophrologie (alles Methoden, die auf die Verarbeitung von Emotionen zielen) bitten, Sie auf diesem Weg mit dem »Kleinen« und »Großen Ich« zu unterstützen.

Die folgenden Beispiele machen deutlich, dass Schuldgefühle wie eine starke Bremse wirken und unser Leben auf ganz unterschiedlichen Ebenen beeinflussen.

Ausbleibender beruflicher Erfolg

Chloé ist Autorin von Selbsthilfebüchern. Es ist allgemein bekannt, dass man ein guter Ratgeber sein kann, aber nicht sehr hilfreich für sich selbst. Sie bittet mich um Hilfe, weil sie weiß, dass sie in Schuldgefühlen feststeckt, die ihr Wohlbefinden und den Erfolg ihrer Bücher beeinträchtigen. In ihrer ersten Erinnerung an dieses Gefühl ist sie vier Jahre alt. Ihr Vater hatte gerade eine Tube Klebstoff gekauft und sie auf einen wertvollen Beistelltisch gestellt. Nach dem Essen lief sie entzückt zu der Klebstofftube, öffnete sie, und ein paar Tropfen fielen auf das Möbelstück. Ihre Eltern bemerkten das, schimpften sie gehörig aus und kritisierten ihre Neugier. Dieses Ereignis mag einem lächerlich vorkommen, aber für Chloé ist es sehr schmerzhaft, diesen Moment noch einmal zu erleben. Als sie mir davon erzählt, bricht sie in Tränen aus. Ich bitte sie, sich vorzustellen, wie die heutige »Große Chloé« die vierjährige »Kleine Chloé« an der Hand hält, während sie die Geschichte bis zum schicksalhaften Moment erzählt. Dann tauschen wir uns wie folgt aus:

»Was für eine Reaktion hätten Sie sich von Ihren Eltern gewünscht, als sie den Klebstoff auf dem Möbelstück entdeckt haben?«

»Dass sie mir sagen, es sei nicht weiter schlimm …«

»Das reicht nicht, um Sie von dieser Wunde zu heilen. Stellen Sie sich vor, sie würden sich dafür entschuldigen, dass sie Ihnen Kummer bereitet haben.«

»Meine Eltern, niemals! Sie waren sehr hart, auch zu sich selbst.«

»Was hätten Sie sich gewünscht, das sie gesagt hätten, auch wenn es nicht ihrem Temperament entsprach?«

Also stellte sie sich vor, wie ihr Vater zu »Klein Chloé« sprach: »Das macht nichts, wir putzen das. Es tut uns leid, dass wir dir Kummer bereitet haben, entschuldige, dass ich so reagiert habe.« In ihrer Idealvorstellung fügte ihre Mutter hinzu: »Es ist gut, neugierig zu sein, das bringt Freude ins Leben. Mach dir nichts draus, wir lieben dich. Aus Fehlern lernt man.« Ich bat sie, sich ihre Eltern vorzustellen, wie sie sie fest an sich drückten. Dann sprach sie den Satz aus, als würde »Groß Chloé« zu »Klein Chloé« sprechen: »Ich liebe dich bedingungslos, egal, was du tust, und trotz deiner Fehler werde ich dich nie verurteilen und immer an deiner Seite sein, du hast ein Recht auf Glück und Erfolg.« Zwei Wochen später sah ich auf Facebook, dass ein Buch von ihr, obwohl es bereits zwei Jahre zuvor erschienen war, von neuen Lesern sehr gelobt wurde. Sie wurde deutlich fröhlicher, und dann bat ihr Verleger sie, zwei weitere Bücher zu schreiben. Die Schuldgefühle waren verschwunden, und sie konnte gelassener durchs Leben gehen.

Das Recht auf Glück

Josselin unterbricht seine Arbeit immer wieder wegen ständig wiederkehrender Krankheiten: **Magen-Darm-Grippe, Erkältung, Migräne**, manchmal, weil er sich Sorgen über Symptome macht, die allerdings verschwinden … sobald er krankgeschrieben ist. Dabei liebt er seinen Beruf und versteht nicht, warum er immer wieder krank wird. Als er seine Schuldgefühle analysiert, wird ihm klar, dass er das Gefühl hat, seinen Chef zu enttäuschen. Um sich davon zu befreien, hat er nach einer Situation in der frühen Kindheit gesucht, in der er dieses Schuldgefühl (weil er eine *Autorität* enttäuscht hat) erlebt hat. Und er erinnert sich tatsächlich an das Schlüsselerlebnis: Als er sechs Jahre alt war und seine Mutter nach einer Operation im Krankenhaus lag, bat ihn sein Vater eines Tages, auf eine Suppe auf dem Herd aufzupassen, da er kurz zu seiner Arbeit fahren musste. Er kam jedoch nicht so schnell wieder, wie er gesagt hatte. Nach einer Weile verließ Josselin besorgt die Küche, um durch das Wohnzimmerfenster zu sehen, ob sein Vater zurückkam. Die Suppe kochte über, und Josselin dachte, er tue das Richtige, wenn er sie mit einem Lappen aufwischte. Doch der Lappen fing Feuer. Sehr schnell brannte ein Teil der Küche. Als der Vater kam, schrie er das Kind an, und Josselin erzählte, dass sein Vater viel mehr arbeiten musste, um die neue Küche zu bezahlen … Daher sagte er sich: »Wenn es mich nicht gegeben hätte, wäre das nicht passiert, er hätte nicht so viel arbeiten müssen, es ist alles meine Schuld.« Dieses Gefühl hat noch immer Einfluss auf sein Leben: Ein Teil von ihm ist im Alter von sechs Jahren in diesem Kind stecken geblieben, das glaubt, sein Vater hätte sich wegen ihm zu Tode gearbeitet.

Seitdem *bestraft* er sich selbst, indem er Situationen (Krankheiten) anzieht, die seine Glücksmomente unterbrechen. Wie in dem zuvor beschriebenen Protokoll erklärte »Groß Josselin« »Klein Josselin«, dass er sich wegen der Wut seines Vaters schuldig gefühlt habe. Er sagte ihm, dass er nichts dafür konnte und dass er mit sechs Jahren nie hätte allein bleiben dürfen. »Du hast so gehandelt, weil du dir Sorgen gemacht hast, die durchaus berechtigt waren.« »Groß Josselin« fragte »Klein Josselin«: »Was für eine Reaktion hättest du dir von unserem Vater gewünscht?«

»Dass er nicht schreit, sich dafür entschuldigt, dass ich auf ihn warten musste und dass er mir versichert, dass es nicht meine Schuld war.« Josselin sprach also diese Worte aus und ließ seinen Vater hinzufügen: »Super, die Küche war ohnehin so hässlich, dank dieses Unfalls bekommen wir eine neue, Mama wird glücklich sein. Es tut mir leid, mein Sohn, dass ich durch meine Abwesenheit und meine Reaktion so viel Schaden in deinem Leben angerichtet habe. Entschuldige bitte, ich habe nicht verstanden, dass du sicher große Angst hattest. Ich liebe dich.« Seitdem ist Josselin nicht mehr krank geworden und hat seine Arbeit in aller Ruhe wieder aufgenommen.

- *Diese Übung zu unseren ersten Schuldgefühlen reinigt die darauffolgenden Schuldgefühle, die Nachbildungen dieser ersten Verletzung sind. Wenn sich dieses erste Schuldgefühl in unser Gedächtnis geprägt hat und schmerzhafte Spuren hinterlässt, erfahren wir die folgenden auf die gleiche Weise, auch wenn sie erst kürzlich aufgekommen sind.*

Ein Gesundheitsproblem

Laurent hat Freude an seiner Arbeit und an seinem Leben im Allgemeinen. Vor sechs Monaten hat er an seiner Ablehnungswunde gearbeitet. Er hat verstanden, dass er aufhören muss, diese Verletzung anderen und sich selbst zuzufügen. Deshalb versteht er nicht, warum er seit zehn Tagen auf der Brust in der Herzgegend eine Rötung hat, die wie ein beginnendes Ekzem aussieht. Ich schlage ihm vor, sich mit den Ereignissen zu beschäftigen, die kurz vor dem Auftreten der ersten Rötungen stattgefunden haben. Er erinnert sich an einen Streit mit seiner Schwester, die ihn übermäßig kritisiert hat und sich weigert, ein herzliches und offenes Gespräch mit ihm zu führen. Ich fordere ihn auf, nach einem Schuldgefühl in seiner Kindheit zu suchen, das mit einem Gefühl der Zurückweisung verbunden ist. Das Problem ist, dass er sich an nichts erinnern kann. Er kann mir nur eine Anekdote schildern, die ihm oft erzählt wurde, und lacht dabei: Als seine Schwester geboren wurde, machte er jedes Mal, wenn seine Eltern sich um sie kümmerten, irgendeine Dummheit. »Groß Laurent« sprach also mit »Klein Laurent« und beruhigte ihn mit den Worten: »Ich werde immer für dich da sein und mich um dich kümmern, auch wenn unsere Eltern sich nicht um dich kümmern können. Ich werde dich nie zurückweisen, du brauchst die Anerkennung der anderen nicht, um weiterzukommen, und ich liebe dich bedingungslos, egal, was du tust.« Noch am selben Abend war die Hautrötung schwächer. Nach drei Tagen war sie ohne jegliche Behandlung spurlos verschwunden.

- *Wenn Sie sich nicht an ein Ereignis aus der frühen Kindheit erinnern können, das in Ihnen Schuldgefühle aufkommen ließ, hören Sie sich genau an, was Ihre Familie lachend über Sie erzählt, ohne zu merken, dass sich dahinter eine Schuldverletzung verbirgt. Welche Wörter werden in Ihrer Familie verwendet, um über Sie zu sprechen, als Sie ein Kind waren?*

Mangel an Anerkennung und Wohlbefinden

Gérard ist Personalleiter in einem großen Unternehmen. Er ist ein brillanter Mann und verdient viel Geld. Tief in seinem Inneren bedauert er jedoch, dass er sich einen Traum nicht erfüllt hat: für große multinationale Konzerne im Ausland zu arbeiten. Wenige Monate vor seiner Pensionierung erkrankte er schwer, obwohl er sich normalerweise einer ausgezeichneten Gesundheit erfreut. Er suchte nach alten Schuldgefühlen und fand heraus, dass er sich für den Tod seines Cousins verantwortlich fühlte, der als Kind von einem Auto überfahren worden war, als sie zusammen spielten. Er erkannte, dass er sich immer mehr um andere als um sich selbst gekümmert hatte und dass er sich wahrscheinlich *bestrafte*, indem er sich den Erfolg vorenthielt, der seinen Ambitionen entsprach. Dasselbe Schuldgefühl verhinderte durch Krankheit das Auskosten von Freiheit und Glück, die ihm sein zukünftiger Ruhestand bot. Um sich zu befreien, sagte »Groß Gérard« zu »Klein Gérard«: »Wenn du damals gestorben wärst, würdest du wollen, dass dein Cousin traurig ist und sich selbst daran hindert, glücklich zu sein? Natürlich nicht. Also genieße das Glück, denn du bist nicht für seinen Tod verantwortlich. Vergiss nicht, dass es seine Seele war, die sich entschieden hat zu gehen.« Gérard musste das Protokoll mehrmals wiederholen, um die Schuldgefühle wirklich loszuwerden. Dann konnte er sich endlich vorstellen, sich aus dem Berufsleben zurückzuziehen, erleichtert und gesund. Ironie des Schicksals: Drei Monate vor seiner Pensionierung bot ihm einer seiner früheren Arbeitgeber schließlich die Leitung einer großen NGO im Ausland an.

Sie können diese Übung mit *Groß* und *Klein* auch machen, um die Vergangenheit zu verschönern, und zwar für jede beliebige unangenehme Emotion, zum Beispiel Wut, Frustration, Scham oder Angst. Suchen Sie einfach in Ihrer frühen Kindheit nach der Situation, als Sie diese Emotion das erste Mal empfunden haben, und stellen Sie sich dann vor, sie heute wieder zu erleben. Achten Sie darauf, während dieses Prozesses besonders liebevoll mit sich selbst umzugehen, finden Sie die richtigen Worte, um diesen Schmerz wiedergutzumachen, so wie Sie es mit einem Kind tun würden, das Sie lieben.

- *Wenn wir die Geschichte des Ereignisses, das unsere Schuldgefühle hervorgerufen hat, neu schreiben, hört unser Verstand auf, es als Trauma zu integrieren. Dieser Rückblick in die Vergangenheit, der nur wenige Minuten dauert, entfernt für immer die Muster, die uns eingeschränkt haben, und entlastet uns für den Rest unseres Lebens.*

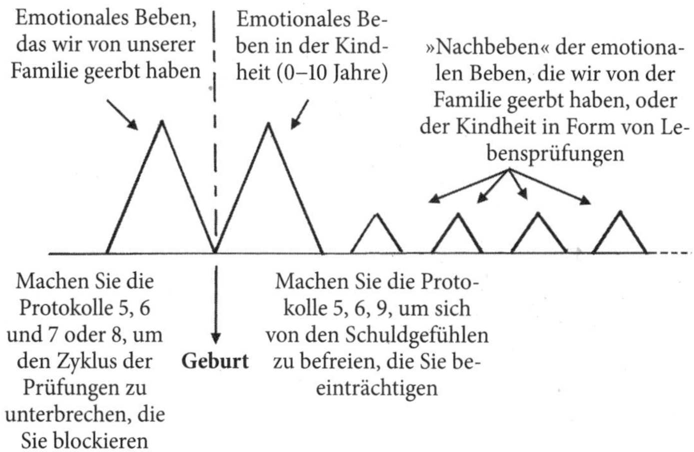

13. KAPITEL

Die geheime Kraft der Vergebung

Alle Ratgeber für Persönlichkeitsentwicklung sind sich einig: Der Schlüssel ist Vergebung. Natürlich muss man anderen verzeihen, aber man muss auch sich selbst verzeihen. Als ich anfing, mich für Vergebung zu interessieren, dachte ich zunächst, dass es sich um ein trendiges Konzept handelte, das jüdisch-christliche Werte und Buddhismus vermischt. Abgesehen von den moralischen Aspekten sah ich keinen Sinn in der Vergebung. Vor allem aber verstand ich nicht, was ich mir selbst vergeben sollte.

Aber im Laufe dieser Arbeit an mir selbst veränderte sich meine Sichtweise völlig. Ich entdeckte den Sinn von Lebensprüfungen, begriff, dass es sich um sich wiederholende Prozesse handelt, um Verletzungen, die ich aus meiner Kindheit oder von meinen Vorfahren geerbt hatte. Ich verstand, dass meine Seele diese Personen und schwierige Situationen angezogen hat, um mir eine Chance zu geben, mich davon zu befreien. Hätte ich ohne das Chaos und die Schicksalsschläge auf meinem Weg versucht, innere Stärke zu finden? Hätte ich mich bemüht, meine

Wunden und Risse zu heilen? Meine Familie, meine Freunde, mein Ehepartner, meine beruflichen Beziehungen: Sie alle waren Konfliktquellen und ebenso *Zeugen*, die meine Seele ausgesucht hat, um mir zu sagen, was geheilt werden musste. In gewisser Weise halfen sie mir, mich zu befreien. Was meine Wut oder den Hass betrifft, so habe ich verstanden, dass diese toxischen Gefühle die Menschen, die sie erleben, viel mehr zerstören als die, die sie erzeugt haben. Wut verhindert, dass man zur Ruhe kommt. Hass nährt nicht, sondern frisst einen auf. Durch die viele Arbeit mit den verschiedenen Protokollen hörte ich schließlich auf, die mich herausfordernden Menschen als gemeine Personen zu betrachten, sondern wurde mir ihres Leidens bewusst. Ich war nicht mehr das Opfer, und sie waren nicht mehr die Henker. Wir waren – gemeinsam – die Lösung!

Seither haben sich meine Prüfungen in Erfahrungen verwandelt. Und ich konnte anfangen zu vergeben, weil ich mich jetzt liebe, so wie ich bin, so wie ich mich Schritt für Schritt wieder aufgebaut habe … dank dieser schmerzhaften Erfahrungen. Heute bin ich stärker, als ich es jemals war, und das verdanke ich meinen verschiedenen Befreiungen. Können wir tief in unserem Inneren den Menschen, die uns zu Gelassenheit, Glück und Erfolg verhelfen, böse sein? Nein, natürlich nicht! Da verstand ich endlich die Bedeutung der Vergebung.

Anderen vergeben, aber auch sich selbst vergeben. Da meine Seele diese Ereignisse angezogen hat, bin ich die Erschafferin der großen und kleinen Erschütterungen, die sich auf mein Leben auswirken. Deswegen konnte ich MIR vergeben, meiner Seele verzeihen, dass sie mir seit meiner Geburt so viele Herausforderungen auferlegt hat.

DIE TATSÄCHLICHE KRAFT DER VERGEBUNG

Ich wusste es damals noch nicht, aber ich musste erst noch das Wesentliche verstehen. Die Entdeckung der wahren Macht der Vergebung war eine Offenbarung. Am 1. Januar 2017 überbrachte mir meine Mutter statt Neujahrswünschen die Nachricht, dass mein Vater mit einer **Lungenentzündung** in der Notaufnahme lag. Er würde die Nacht vielleicht nicht überleben. Ihre Worte bohrten sich brutal in mein Herz. »Ich komme«, sage ich. Während ich ein paar Sachen zusammenpackte, erinnerte ich mich an die Symbolik dieser Krankheit: Lungenentzündung stehe für Entmutigung, für das Gefühl zu stören, für die Angst, dass es keine Lösung für unser Leiden gäbe. Was ist meinem Vater widerfahren? Acht Tage zuvor hatte sich die Familie beim Begräbnis seines Schwagers versammelt. Vielleicht gab es eine Verbindung. Aber welche? Er starb an Altersschwäche, das war der natürliche Lauf der Dinge …

Stéphane, mein Mann, begleitete mich zur Klinik. Ich sagte ihm, dass ich das nicht verstehe. Ich machte mir Vorwürfe, weil mein Vater zwei Tage zuvor einen schlimmen, pfeifenden Husten gehabt hatte. Ich hatte mich auf meine Intuition verlassen und gesagt, dass er sich keine Sorgen machen müsse und dass alles wieder in Ordnung kommen würde. Wie konnte ich mich nur derart irren? Im Aufzug zur Intensivstation bat ich Stéphane, in der Nähe meiner Mutter zu bleiben, damit ich meinen Vater zum Reden bringen und den emotionalen Vorfall finden konnte, der seine Lungenentzündung ausgelöst hatte. Ich betrat den Raum und schreckte zurück. Er lag auf einem Pflegebett mit Schläuchen und Apparaten, die alle zehn, fünfzehn Sekunden piepsten. Seine Herzfrequenz und sein Blutdruck wurden auf Bildschirmen angezeigt und erreichten Höchstwerte. Er wurde mit Sauerstoff versorgt und hatte eine Infusionsnadel in seinem Arm. Er war totenblass und in seinen halb geschlossenen Augen erkannte ich ein ängstliches Glitzern. Trotz der alarmierenden Worte meiner Mutter am Telefon war ich entsetzt. Sie umarmte uns und war erleichtert, dass sie nicht mehr allein war.

»Natacha wird hierbleiben, Sie brauchen eine Pause, ich begleite Sie«, sagte Stéphane.

Ich setzte mich neben meinen Vater auf das Bett. Wo sollte ich anfangen?

»Sag mir, was dich bedrückt, Papa …«

»Ich habe Schmerzen, ich kann nicht atmen«, antwortete er mir mit einer fast unhörbaren Stimme.

»Ja, aber gibt es etwas anderes, das dich traurig macht?«

Er schwieg und antwortete dann.

»Das ist nicht meine erste Lungenentzündung, ich hatte eine, als ich zwei Jahre alt war. Ich habe damals überlebt, weil mein älterer Bruder mir Blut gespendet hat, weil ich zu schwach war. Ich verdanke ihm …«

Er beendete den Satz nicht, und eine Träne lief ihm über die Wange. Sein älterer Bruder war vor einigen Jahren gestorben. Ich ermutigte ihn fortzufahren. Er erzählte mir von schmerzhaften Ereignissen, die er geheim gehalten hatte. Er war voller Wut auf seine Mutter und seinen Vater, die ihn im Alter von fünfzehn Jahren verlassen und ihn seiner älteren Schwester und ihrem Mann Maurice anvertraut hatten. Der Mann, den wir vor einer Woche beerdigt hatten, hatte ihn wie einen Sohn aufgenommen. Ein Bild drängte sich mir auf: Maurice hat ein Tuch in der Hand, das mein Vater als Schutz auf seinen kindlichen Kummer gelegt hat. Wie ein Tischtuch, das vom Tisch rutscht, weil man daran zieht, ist dieses Tuch ins Grab gefallen und hat meinen Vater schutzlos dem Drama ausgeliefert, das ihn damals so schwer getroffen hatte.

Dieser Tod hatte eine schwierige Erinnerung (das Gefühl zu stören) reaktiviert, die im Unterbewusstsein abgelegt war. Er war die Ursache für den Zusammenbruch des Immunsystems meines Vaters. Ich dachte, dass man die schmerzhaften Bindungen zwischen ihm und seinen Eltern reinigen sollte, aber er war zu schwach, um ein ganzes Protokoll durchzuführen, das er vorher nie gemacht hatte. Und mir schien auch nur Vergebung wirklich wichtig zu sein. Ich wusste, dass mein Vater gläubig war und zu welchen höheren geistigen Wesen er täglich betete. Ich lud sie ein und stellte mir ein weißes Licht um uns herum vor.

»Papa, wir werden gemeinsam beten, ich werde ein paar Sätze sagen, und du sprichst sie mir nach. Wenn ich etwas Falsches sage, sagst du es mir, und wir korrigieren es.«

Er schloss die Augen und öffnete sie wieder. Ich zählte die Ereignisse auf, von denen er mir berichtet hatte, eines nach dem anderen, und ließ ihn jedes Wort nachsprechen. Manchmal fügte er sogar noch ein paar Sätze hinzu, aber das unterbrach den Prozess nicht, im Gegenteil.

Dann kam ich zum zweiten Teil, der Phase der Akzeptanz und der Vergebung. Ich sprach die Worte langsam aus, damit er sie bewusst in sich aufnahm.

»Meine Eltern haben getan, was sie konnten, in Anbetracht der Liebe, die sie erhalten haben, und vor allem mit der Liebe, die sie nicht erhalten haben. Ich vergebe ihnen, dass sie sich mir gegenüber falsch verhalten haben. Ich möchte jetzt meinen Frieden mit ihnen machen.«

Seine Augen füllten sich mit Tränen.

»Es ist wahr«, flüsterte er. »Meine Eltern haben getan, was sie konnten, und dachten, es sei das Beste.«

Schließlich fragte ich ihn, ob er jemanden um Vergebung bitten wollte. Er schloss wieder die Augen. Trotz seiner großen Müdigkeit flüsterte er seine Bitte. In diesem Moment, in seiner höchsten Not, erschien mir mein Vater am stärksten. Wie mutig es doch war, mit 77 Jahren sein Herz offen darzulegen und im Leben voranzuschreiten. Ich spürte seine unendliche Liebe. Gerade als ich ihn in die Arme nahm, um ihm zu sagen, wie sehr ich ihn liebe, kamen Stéphane und Mama ins Zimmer. »Es ist unglaublich, dein Gesicht ist völlig verändert«, rief meine Mutter. Sie hatte Recht. Seine Wangen hatten etwas Farbe bekommen. Er sah friedlich aus. Ein Assistenzarzt und eine Oberschwester kamen herein. Wir verabschiedeten uns, zuversichtlich.

Mein Vater wurde am nächsten Morgen von der Intensivstation entlassen. Nach drei Tagen verließ er die Abteilung für Herz- und Gefäßchirurgie und erholte sich in einem normalen Krankenhauszimmer. Die Krankenschwestern sagten immer wieder: »Es dauert mindestens einen Monat, um sich von einer schweren Lungenentzündung zu erholen.« Zwei Wochen später saß er selbst am Steuer, als meine Eltern zu ihrem 230 Kilometer entfernten Zuhause zurückkehrten.

Durch meinen Vater habe ich die enorme Kraft der Vergebung miterlebt. Durch seine Vergebung konnten sich die Zellen seines Körpers wieder mit dem embryonalen Gedächtnis verbinden – dieser Energie des exponentiellen Wachstums –, und das Leben begann wieder in ihm zu fließen. Ich danke meinem Vater unendlich für diese Lehre, die zu den aufschlussreichsten gehört, die ich je erlebt habe. Ein kraftvolles Wissen, das mein Leben verändert hat.

Mit diesem neuen Bewusstsein der Vergebung wiederholte ich die Protokolle mit all den Menschen, mit denen ich in Konflikt war, die mir so viel Leid zugefügt hatten. Während ich um Liebe oder Frieden zwischen uns bat, dachte ich an diese Energie der Vergebung. Ich nahm mir Zeit, um zu spüren, wie sie mich durchströmte, und weinte vor Freude. Ich befreite mich von einem Rest an Wut, von dem ich nichts geahnt hatte. Ich fühlte mich noch leichter.

- *Vergeben ist nicht nur ein Mittel, um sich vor schlechtem Karma zu schützen, sondern auch ein ultimatives Heilmittel. Ein Energiefluss, der in der Lage ist, alte Prüfungen und schwere Krankheiten in neue Lebenskraft zu verwandeln.*
- *Wenn wir die Protokolle durchführen, verändert sich unser Gemütszustand. Der Groll weicht, und die Vergebung dringt jeden Tag mehr in uns ein. Wenn wir die Protokolle wiederholen, ändert sich die Energie, mit der die Information von Seele zu Seele überbracht wird, und die Wirkung ist noch kraftvoller.*

NEHMEN SIE SICH ZEIT

Ich habe diese Kraft der Vergebung auch durch andere Erfahrungen erlebt, die alle sehr intensiv waren und mir gezeigt haben, wie wichtig es ist, sich Zeit zu nehmen. Einmal fragte mich ein Freund, ob ich einem Kollegen helfen könne, der ein schweres **Rückenproblem** hatte. Er musste an der Wirbelsäule operiert werden, und mit einer Wahrscheinlichkeit von achtzig Prozent würde er danach gelähmt sein. Gabriel war Sporttrainer und seit über einem Jahr wegen seiner Schmerzen bewegungsunfähig. Meinen Recherchen zufolge bedeutet eine **schwere oder behindernde Krankheit**, dass wir unsere Lebensaufgaben überdenken, unsere Wunden heilen, Geheimnisse lüften und vor allem … vergeben müssen.

Ich rief ihn also an, um mit ihm gemeinsam daran zu arbeiten. Ich habe sehr schnell seine Hauptwunde *wahrgenommen,* und angesichts der Dringlichkeit seiner Situation kam ich direkt auf den Punkt und sprach ihn auf den Vertrauensbruch seines Vaters an, der ihn verletzt hatte. »Das kann nicht sein«, empörte er sich, »ich habe ihn seit zwanzig Jahren nicht mehr gesehen.« Ohne die Miene zu verziehen, fuhr ich fort: »Wissen Sie, ich habe gelernt, dass Geschwister und ebenso Zwillingsbrüder …« Ich konnte den Satz nicht beenden, weil er an dieser Stelle in Tränen ausbrach. Er erklärte mir, dass er vor Kurzem herausgefunden hatte, dass sein Vater einen Zwillingsbruder hatte, dass dieser die Verlobte seines Vaters verführt und geheiratet hatte. Ein abscheulicher Verrat. Sein Vater hatte voller Verbitterung eine andere Frau geheiratet und ein Kind bekommen, um das er sich nie gekümmert hatte, was Gabriel seinerseits als Verrat empfand. Um ihn auf den Weg der emotionalen Befreiung zu führen, wies ich ihn darauf hin, dass sein Vater von seinem Schmerz beherrscht war und deshalb seinen Sohn und seine Frau nicht wahrnahm. Er stimmte dem zu. Nachdem er Wut und Hass empfunden hatte, wurde Gabriel von Schuldgefühlen übermannt, weil er seit zwanzig Jahren nicht mehr mit seinem Vater gesprochen hatte. Wenn er sich also nicht mehr bewegen konnte, dann deshalb, weil er die Fähigkeit (oder die Pflicht) hatte innezuhalten, um seine Wunde des Vertrauensbruchs zu heilen und vielleicht indirekt auch die seines Vaters.

Ich zeigte ihm, wie er sich von dieser transgenerationalen Last und seinen Schuldgefühlen befreien konnte, und wies darauf hin, dass das wichtigste Ziel dieser Befreiung darin bestand, zu vergeben. Drei Monate später begann sich seine Situation zu verbessern. Die anschließende Operation verlief gut, und er vervollständigte die weitere Arbeit an sich mit EFT-Sitzungen (kurze Traumatherapie). Drei Jahre später hatte er endlich zu innerem Frieden gefunden und konnte wieder normal gehen.

Wenn ich an meinen doppelten Bandscheibenvorfall zurückdenke, sind von dem Tag, an dem mein Körper vor Schmerzen zusammenbrach, bis zu dem Tag, an dem ich in der Lage war, mit der Vergebung zu beginnen, vier Jahre vergangen. Das scheint eine lange Zeit zu sein, aber gemessen an einem ganzen Leben ist das nichts. Bitte haben Sie Geduld! Es lohnt sich. Außerdem ist es für das Vorankommen wichtig, Verbesserungen festzustellen. Wenn es keine gibt, haben Sie die Ursache des Problems nicht gefunden, oder es gibt noch andere Botschaften, die ans Licht kommen müssen. Fragen Sie sich bewusst, ob Ihr Wille wirklich aufrichtig ist. Vielleicht sind

Ihr Hass und Ihre Wut zu stark, um Fortschritte machen zu können. Vielleicht ist jetzt nicht der richtige Augenblick. Lassen Sie sich Zeit und lesen Sie diese Zeilen zu einem späteren Zeitpunkt noch einmal. Vergebung ist ein langsamer Prozess.

- *Ich möchte dazu ermutigen, unsere Kinder für unsere Fehler um Vergebung zu bitten. »Es ist möglich, dass ich dir mit meinen Ungeschicklichkeiten, meinem Zorn und meinem Schmerz Unrecht getan habe, also bitte ich dich um Vergebung.« Die Vergebung kann in Gedanken oder mündlich erfolgen, wenn die Situation es erfordert.*

WISSEN, OB MAN VERGEBEN HAT

Manchmal sind wir versucht zu behaupten, dass wir *natürlich vergeben haben*! Um herauszufinden, ob das auch wirklich der Fall ist, sollten wir darauf achten, wie wir über die Person sprechen, von der wir glauben, dass wir ihr vergeben haben. Wenn wir sie weiterhin mit Kraftausdrücken bedenken, bedeutet das, dass die Vergebung noch in weiter Ferne liegt. Aber wie können wir dann wissen, ob wir wirklich vergeben haben? Ein klares Indiz ist, wenn wir in der Lage sind, den Nutzen zu erkennen, den diese Prüfungen in uns erzeugt haben. Wir haben uns durch das, was uns diese Person angetan hat, weiterentwickelt. Könnten wir uns bei ihr bedanken? Es spielt keine Rolle, wenn wir das heute nicht schaffen. Das Leben ist ein langer Weg, und die Zukunft wird wahrscheinlich ganz anders aussehen … Wenn wir Frieden in uns geschlossen haben, die andere Person jedoch weiterhin im Konflikt verharrt und unsere Veränderungen nicht wahrnimmt, sollten wir dies letztlich als ihr Problem betrachten, nicht als unseres. Wir sind nicht gezwungen, uns gleichzeitig weiterzuentwickeln. In diesem Fall ist es ratsam, nur in Gedanken zu vergeben und zu danken.

Und wenn Ihnen Vergebung heute undenkbar erscheint, können Sie beruhigt sein. Die verschiedenen Protokolle werden Ihnen helfen, wie folgendes Beispiel zeigt. Eines Tages lernte ich in einem meiner Workshops Martine kennen. Sie war sehr wütend auf ihre Mutter: »Warum hat sie immer nur mich schikaniert und nie meine Brüder?«, klagte sie. Als ich ihr erklärte, wie psychischer Missbrauch funktionierte, fand sie heraus, dass ihre Mutter sich von ihrer Energie *nährte*. Ich fragte sie, ob ihre Mutter ein Drama erlebt habe, das sie *innerlich leer gemacht und abgespalten* habe. »Eine Vergewaltigung«, antwortete sie. Ich erklärte ihr, dass ihre Mutter seitdem versuchte, diese Leere zu füllen, indem sie die Energie ihrer Tochter *raubte*, weil sie diese Energie von allen Kindern *bevorzugte*. Martine war überrascht, die Ereignisse aus diesem Blickwinkel zu sehen, und trat plötzlich aus ihrer Opferposition heraus. Sie machte die Seelenrückholung (Protokoll 6) und durchtrennte dann die schmerzhafte Bindung zu ihrer Mutter ein erstes Mal (Protokoll 8). Beim zweiten Mal schrieb sie mir, dass sie anfing, über Vergebung nachzudenken, was bis vor Kurzem noch unmöglich war, und dass die Bosheit ihrer Mutter sie nicht mehr berührte.

Wem sollten wir in erster Linie vergeben? Als Erstes unseren Eltern, da unsere Seele sie vor ihrer Inkarnation ausgewählt hat. Es gibt sehr viele Familien, in denen ein Elternteil sein Kind missbraucht hat, wo Bosheit, physische oder psychische Gewalt Traumata geschaffen haben. Die innere und geistige Verheerung ist manchmal zu groß, um Vergebung, geschweige denn Dank in Betracht zu ziehen. Und doch schneiden wir uns ohne Vergebung von dem ab, was unsere Seele in diesem Leben gesucht hat: Heilung von unseren Prüfungen. Wir sollten uns nicht schuldig fühlen, denn eines Tages werden wir dazu fähig sein. Wir werden Abstand gewinnen, indem wir unsere Wunden heilen, und nach und nach werden unsere Schritte uns zum Ziel führen, das uns inneren Frieden verspricht: uns selbst und anderen zu vergeben.

- *Jede Situation, auch wenn sie noch so hart ist (Krieg, Mord, Vergewaltigung, Behinderung, Verlassenwerden, Scheidung, Tod, Mobbing), ist ein Ausdruck jener Wunden, die unsere Seele gewählt hat, um sie zu erfahren und zu heilen. Vergeben bedeutet zu verstehen, dass eine Lebensprüfung eine Gelegenheit ist, die neue Person, die man werden wird, willkommen zu heißen.*
- *Wir haben vergeben, wenn uns die Handlungen des anderen nicht mehr berühren. Es spielt keine Rolle mehr. Man lächelt und regt sich nicht auf. Das ist allein das Problem der anderen Person. Man weiß, dass man vergeben hat, wenn man DANKE sagen kann für das, was der andere einem angetan hat. Man vergibt nicht, um dem anderen*

einen Gefallen zu tun, sondern macht das für sich selbst, für unsere Seele, damit man nicht mehr leidet und, wenn nötig, geheilt wird.

Sie haben nun verstanden, dass jede Prüfung eine Möglichkeit zur Transformation darstellt, einen Initiationsweg, fast eine Art Alchemie. Der Stein der Weisen würde Blei in Gold verwandeln. Durch Vergebung bieten wir unserem Leben die Möglichkeit, das, was *bleiern* auf uns lastet, in inneres *Gold* zu verwandeln. Eine Wiedergeburt!

Diese ersten Kapitel sind eine Einladung zu einer langen inneren Reise. Auf den folgenden Seiten werde ich Ihnen voneinander unabhängige Protokolle vorstellen: sich mit dem Unsichtbaren verbinden, Ängste vertreiben, einem nahestehenden Menschen helfen, unsere Intuition steigern, unseren Lebensraum reinigen, Trauer bewältigen, Verbrennungen heilen. All das sind Techniken, die Medien, Magnetiseure, Geobiologen, Schamanen und Therapeuten großzügig mit mir geteilt haben. Sie verschönern das Leben.

DRITTER TEIL

IHR EMOTIONALES GESUNDHEITSHEFT

14. KAPITEL

Nie mehr allein

Ist es nicht wunderbar, die Widrigkeiten des Lebens als notwendige Schritte auf dem Weg zu künftigem Wohlbefinden zu begreifen? Bringt diese Lebensphilosophie nicht eine gewisse Sanftheit in Ihr Leben? Die emotionale Reinigung, die Sie vollzogen haben, hat nun das Herz Ihrer Zellen erreicht, Sie haben Ihre innere Stärke wiedergefunden und Ihre Energie zurückgewonnen. Versöhnungen haben stattgefunden. Sie haben sogar angefangen zu vergeben. Sie ertappen sich dabei, das Leben leichter zu finden: Nun ist alles möglich. Um diese neue Art der Zukunftsgestaltung zu kultivieren, sollten wir diesen Weg mit Praktiken fortsetzen, die das Leben verschönern. Die folgenden Techniken sind eine Art Gesundheitsheft für den Alltag, eine Hilfe, um mehr Gelassenheit und Freude zu gewinnen.

WIE SIE IHREN GEISTFÜHRER FINDEN

Beginnen wir mit unseren »Geistführern«. Wir alle haben mehrere Geistführer an unserer Seite, die bereit sind, uns zu helfen, sofern wir uns nicht scheuen, sie darum zu bitten. Im Gegensatz zu Schutzengeln muss man sich wirklich an sie wenden, um ihre Unterstützung zu erhalten. Ihre Anwesenheit zeigt sich in Form eines »Glücksfalls«, wenn man sie zu Hilfe ruft. Es kann sich um einen Familiengeistführer (ein Verstorbener aus unserer Familie), einen spirituellen Geistführer (ein Verstorbener, der mit unserem Beruf oder unserer Leidenschaft zu tun hat) oder einen universellen Geistführer (ein Verstorbener, der in der Lage ist, mehrere Personen zu begleiten) handeln. Die Geistführer können auf unterschiedliche Weise bezeichnet werden: »Lichtwesen«, »Totemtier«, »Quelle« … oder sogar »Universum«. In China werden sie als »himmlischer Adel« bezeichnet. Wie auch immer man ihn nennt, ein Geistführer ist unser persönlicher Berater, den man laut um Rat fragen kann, als würde man mit einem Freund sprechen. Denken Sie daran, dass Ihr Geistführer nicht von sich aus eingreifen wird, wenn Sie ihn nicht darum bitten. Ich wurde mir dieses unsichtbaren Verbündeten durch meinen damals fünfjährigen Sohn bewusst.

In den ersten Jahren meines Lebens war ich, wie viele andere auch, der Meinung, dass wir bei wichtigen Entscheidungen auf uns allein gestellt sind. Wenn mir etwas Positives widerfuhr, war ich mir sicher, dass ich es der Kraft meines Willens zu verdanken hatte. Ich habe mich geirrt. An jenem Tag spielte mein

Sohn im Wohnzimmer. Plötzlich suchte er nach einem kleinen Gegenstand, den er gerade verloren hatte … Er beugte sich vor, um unter einem Möbelstück nachzusehen, holte den Gegenstand hervor, stand auf, ging zum Fenster, schaute zu den Wolken und sagte »Danke«. Dann setzte er sich wieder hin und spielte weiter. Als ich ihn befragte, wurde mir klar, dass ihm offensichtlich *jemand* bei der Suche geholfen hatte. Wer konnte das sein? Als ich ihn fragte, streckte mein Sohn einen Finger zum Himmel und sagte »Die«. Nichts weiter. Mein Rationalismus fiel in sich zusammen, während ich mich gleichzeitig an meine eigene Kindheit im Haus meines Heiler-Großvaters erinnerte, wo ich mit meinen Eltern und meinen Schwestern einige Sommer verbrachte.

Ein langer Flur führte zur Eingangstür, die teilweise aus Milchglas bestand und mit Schmiedeeisen verstärkt war. Am anderen Ende des Flurs befand sich ein geheimnisvoller Raum – das Arbeitszimmer –, den niemand ohne die Zustimmung des Patriarchen betreten durfte. Meine Großeltern waren zwar offiziell Friseure, doch mein Großvater empfing jeden Nachmittag Menschen, um sie durch Magnetismus zu heilen. Dieser Beruf hatte sich ihm auferlegt, und er praktizierte ihn seit seinem achtzehnten Lebensjahr. Man nannte ihn »den Heiler«, und die Menschen, die ihn aufsuchten, kamen aus ganz Frankreich angereist und hofften, dass er ihnen helfen würde. Zwei Wände seines Büros waren mit Dankesschreiben von Menschen bedeckt, die er geheilt hatte: von einer Gürtelrose, einer Verstauchung oder einer Infektion … In allen Kommentaren hieß es, die Heilung sei außergewöhnlich und unerwartet gewesen. »Ich verdanke ihm mein Leben«, konnte man immer wieder lesen.

Er trug jeden Tag der Woche seine immerwährende Uniform, einen schwarzen Anzug und eine schwarze Krawatte. Wenn meine Mutter eine Krankheit bei einer von uns dreien vermutete, hielt er seine Wünschelrute, die zu einem »V« gebogen war, vor das betroffene Kind. Wenn die Zweige der Haselnuss sich nicht bewegten, sagte er: »Alles in Ordnung«, und man konnte gehen. Eines Tages, nachdem er die Rute vor mich gehalten hatte, stellte er fest: »Du hast Halsschmerzen …« Ich nickte. »Warum hast du deiner Mutter nichts gesagt?« Ich murmelte halbherzig, dass es nicht weiter schlimm sei, ich kaum Schmerzen habe. Tatsächlich wollte ich vor allem vermeiden, dass er mir seinen selbst hergestellten Salbenverband umlegte: Dabei erhitze er mit einer Kerze eine Art braune Paste, ließ sie auf einen Stoff aus Baumwolle tropfen und heftete ihn mir dann mit einem auffälligen weißen Klebeband auf den Hals. Wenn ich zu Hause eine Halsentzündung hatte, gab mir meine Mutter ein Medikament, einen Sirup oder Pastillen. Diese Art von Medizin gefiel mir besser. Ich hätte stolz darauf sein können, etwas »Magisches« zu tragen, aber ich wollte nicht das Risiko eingehen, von den Leuten auf der Straße angegafft zu werden. Ich sträubte mich zwar dagegen, musste aber dennoch zugeben, dass meine Halsschmerzen damit viel schneller nachließen als mit den Medikamenten.

Wenn er seine Behandlungen durchführte, waren die Hände meines Großvaters glühend heiß. Er sagte, er habe das *Lebensfeuer*. Ich erinnerte mich an die Kisten mit Pfirsichen, Nüssen, Tomaten, Hühnern und Pasteten, die er von Leuten bekam, die ihre Behandlung nicht bezahlen konnten. Ich erinnerte mich auch daran, wie die Leute aus dem Dorf meine Eltern ansprachen und ihnen erklärten, dass mein Großvater sie von einer bestimmten Krankheit geheilt hatte, gegen die die damaligen Ärzte machtlos waren. Aber diese Gespräche wurden im Flüsterton geführt, mit einer Hand auf dem Handgelenk meiner Mutter und manchmal mit Tränen in den Augen, wenn es sich um ein Kind handelte.

Da wurde mir bewusst, dass das Unsichtbare, das, was mir bis dahin als normal erschien, nicht lautstark ausgesprochen werden durfte. Wünschelrute, Pendel oder Magnetismus … Alles, was die Wissenschaft nicht erklären konnte, galt als »bizarr«. Viele waren misstrauisch, weil sie Angst hatten. Einige gaben jedoch zu, dass man nicht alles mit wissenschaftlichen Argumenten erklären kann, andere waren der Meinung, dass das Mysterium, so wie die Liebe, seinen Platz in unserem Leben hat, und dann gab es noch diejenigen, die einfach nur Ergebnisse wollten und denen das Wie oder Warum egal war. Die Gendarmen wandten sich übrigens regelmäßig an ihn, um vermisste Personen zu finden oder Ertrunkene, deren Leichen vom Fluss verschluckt worden waren. Mein Großvater verlangte nach etwas, das der Person gehört hatte, nach einer Zahnbürste oder einem Pullover, und dann führte er seine Nachforschungen an seinem Schreibtisch vor einer detaillierten Landkarte durch. Er legte einen Finger auf die Stelle, an der das Pendel stehen geblieben war. Die Leichen wurden immer gefunden. Er praktizierte seine Gabe 57 Jahre lang.

Als er starb, lernte ich erst wirklich meine wunderbare Großmutter kennen. Wir hatten so viel Zeit aufzuholen. All diese unerklärlichen Phänomene traten gemeinsam mit meinem Großvater aus meinem Leben. Wie um mich selbst darin zu bestärken, drehten sich meine ersten Artikel als Journalistin um die Aufnahmefähigkeit von Formaldehyd und Trichlorethen von luftreinigenden Pflanzen, die globale Erwärmung oder hormonaktive Substanzen … Und dann genügten ein paar rätselhafte Worte meines Kindes, um mich daran zu erinnern, dass ich die Enkelin eines Heilers war. Ich begann, die Bücher zu lesen, die die Gabe meines Vorfahren genährt hatten. So erfuhr ich von der Existenz der Geistführer, einer unsichtbaren und unendlichen Hilfe.

Lassen Sie uns gemeinsam lernen, mit ihnen in Kontakt zu treten, und denken Sie daran: Ein Geistführer erschöpft sich nur dann, wenn er nicht gefördert wird.

Protokoll 10
Mit Ihrem Geistführer in Verbindung treten

1. Nehmen Sie eine weiße Kerze (diese Farbe kommt dem Licht am nächsten) und ein Streichholz (das nur für den einmaligen Gebrauch bestimmt ist, und da es sich um eine Arbeit an der Intention handelt, arbeitet man nicht mit der Energie eines anderen).
2. Sagen Sie laut: »Lieber Geistführer, ich freue mich, mit dir in Verbindung zu treten. Ich danke dir für deine zukünftige Hilfe.« Sie können einen gleich-

bedeutenden Satz aussprechen, wichtig ist, dass Sie spontan bleiben.

3. Zünden Sie die Kerze an.
4. Der Kontakt ist hergestellt. Sie können zu ihm sprechen. Sie können ihn um alles bitten.
5. Wenn Sie einen Therapeuten suchen, lassen Sie sich von Ihrem neuen Verbündeten führen. Sagen Sie laut: »Danke, lieber Geistführer (oder danke, Universum), dass du in der nächsten Woche (es ist wichtig, dass die Zeitspanne kurz ist, damit Sie sicher sein können, dass es von ihm kommt) die richtige Person auf meinen Weg schickst, die mir helfen wird, mein Problem mit … zu lösen (seien Sie genau).« Legen Sie eine starke Intention in Ihre Worte.
6. Wenn Sie den Raum verlassen, löschen Sie die Kerze, und bedanken Sie sich bei Ihrem Geistführer.

Wenn Sie in diesen sieben Tagen von einem Therapeuten hören, an den Sie noch nicht gedacht haben, dann zögern Sie nicht! Er wird von Ihrem Geistführer geschickt.

Es ist nicht notwendig, immer eine Kerze anzuzünden. Es handelt sich um eine Möglichkeit, den Moment zu ritualisieren. Manchmal zünde ich eine Kerze an, ohne um etwas zu bitten, und sage: »Das ist für dich, lieber Geistführer.« Wenn sich mir ein interessanter Gedanke aufdrängt, habe ich es mir auch zur Gewohnheit gemacht, ihm dafür zu danken, ihn mir eingeflüstert zu haben. Kinder sind sehr »empfänglich« für diese subtilen Energien und finden es ganz normal, dass man das Universum um Hilfe bitten kann. Sobald mein Sohn, als er noch sehr klein war, sah, wie ich eine Kerze anzündete, sagte er: »Warte, wir machen die *Intention.*« Er hatte mich so oft fragen gehört: »Welche Intention legen wir hinein?«, dass er sich das Wort gemerkt hatte.

BITTEN SIE UM DAS UNMÖGLICHE

Sie können Ihren Geistführer um alles bitten: Er kann Ihnen helfen, von einer Sucht loszukommen, eine Entscheidung zu treffen, den richtigen Handwerker zu finden, Ihnen Kunden zu schicken oder Ihnen Mut zu machen … Bitten Sie ihn jederzeit um Hilfe. Denken Sie daran, sich bei ihm zu bedanken.

Eines Tages lernte ich auf einer Zugfahrt Laurent kennen, einen Schauspieler, mit dem ich ins Gespräch kam. Er war nach einer Trennung auf der Suche nach einer Wohnung. Wegen seines Künstlerstatus wurde er als Mieter nie angenommen. Ich erklärte ihm, wie er seinen Geistführer um Hilfe bitten könne. Er sagte mir, dass er es mit dem Begriff Universum versuchen würde, der ihm mehr zusagte, und versprach, mich über den weiteren Verlauf zu informieren. Drei Wochen später erhielt ich folgende Nachricht: »Hallo, Natacha, kurze Nachricht, um dich auf dem Laufenden zu halten … Ich hatte das kleine Ritual ans Universum vergessen, aber als die Suche nach einer Wohnung immer mühsamer wurde, habe ich es schließlich vorgestern in der Früh durchgeführt. Eine Stunde später hat man mich angerufen und mir mitgeteilt, dass mein Mietantrag angenommen wurde. Unglaublich! Ich habe heute den Mietvertrag unterschrieben und werde am 30. einziehen. Ich wollte dir sagen, wie sehr ich mich freue.«

Eine Stunde später! Warum sollte man auf diese Hilfe verzichten?

- *Da Sie ihn um alles bitten können, zögern Sie nicht, sich an Ihren Geistführer zu wenden, um den richtigen Arzt oder Therapeuten zu finden, der Ihre körperlichen Schmerzen lindern kann oder Ihnen hilft, sich Ihrer emotionalen Erfahrungen bewusst zu werden. Allen, die versucht sein werden, von mir die Kontaktdaten eines Therapeuten zu erhalten, werde ich antworten: »Fragen Sie Ihren Geistführer!« Ihr Körper hofft und wartet auf diese besondere Verbindung. Diese Arbeit ist persönlich und hängt nur von Ihnen ab. Die Ergebnisse werden umso besser sein.*

UND WENN NICHTS PASSIERT?

Was haben Sie getan, um Ihr Ziel zu erreichen? Hätte Laurent nicht mehrere Bewerbungen eingereicht, hätte es nicht funktioniert. Die Volksweisheit lautet: »Hilf dir selbst, dann hilft dir Gott.« Und wenn trotz Ihrer Taten und Ihrer Intention nichts passiert, bedeutet das vielleicht Folgendes:

– Es ist nicht der richtige Zeitpunkt für Sie.

- Es ist nicht der richtige Zeitpunkt für eine andere beteiligte Person.
- Was Sie durchleben, fordert Sie dazu auf, dass Sie sich eines emotionalen Erbes oder einer alten Wunde bewusst werden. Die Situation wird sich verbessern, wenn Sie diese Wunde gereinigt haben.

- *Auch ein Misserfolg ist eine versteckte Botschaft Ihres Geistführers.*

Erinnern Sie sich: Ich musste fast achtzehn Monate lang arbeitslos und ohne Einkommen sein, bis mich die Arbeitsvermittlung zu einem Gespräch einlud und ich von den Ausbildungsmöglichkeiten an der Filmschule von Luc Besson erfuhr … wo ich nun seit vier Jahren Kurse gebe. Ohne die Prüfung (Arbeitslosigkeit) hätte ich diese Chance nie bekommen.

Beachten Sie auch, dass Sie Ihre Geistführer nicht namentlich nennen müssen, um sich an sie zu wenden. Wenn Sie aber das Bedürfnis nach greifbaren Elementen haben, wenn Ihnen ein Vorname wichtig ist, lade ich Sie ein, das folgende Protokoll durchzuführen. Ich habe dieses Ritual auf der Grundlage einer Technik entwickelt, die mir die Hellseherin Maud Kristen anvertraut hat.

Protokoll 11
Den Vornamen Ihres Geistführers erfahren

1. Stellen Sie sich vor ein Bücherregal (bei Ihnen oder in einer Bibliothek).
2. Sagen Sie: »Danke, lieber Geistführer, dass du meine Hand zu deinem Vornamen führst.« (Wenn Sie diesen Satz nicht aussprechen, wird es nicht funktionieren.)
3. Schließen Sie die Augen (das ist wichtig!) und greifen Sie nach einem beliebigen Buch.
4. Lassen Sie die Augen geschlossen, öffnen Sie das Buch, und legen Sie Ihre Daumen irgendwo auf die Seiten, während Sie an den Vornamen denken, den Sie erfahren möchten.
5. Öffnen Sie die Augen, und schauen Sie unter Ihren linken Daumen und dann unter Ihren rechten Daumen. Wenn Ihre Intention klar war, befindet sich unter einem der beiden Daumen ein Vorname. Es ist der Ihres Geistführers. Wenn unter jedem Daumen ein anderer Vorname steht, ist der Name Ihres Geistführer entweder der eine oder der andere oder beide. Sie werden es intuitiv wissen. Wenn unter beiden Daumen kein Vorname steht, lesen Sie zuerst die linke und dann die rechte Seite. Der erste Vorname, der erscheint, ist der Ihres Geistführers. Wenn es auf den beiden zufällig ausgewählten

Seiten keinen Vornamen gibt, achten Sie darauf, ob das Geschriebene Sie an einen Verstorbenen aus Ihrer Familie erinnert. Wenn ein Tier erwähnt wird, handelt es sich hierbei um Ihr »Totemtier«.

6. Wenn der Vorname mit keiner Person aus Ihrer Familie in Verbindung steht, seien Sie ganz beruhigt: Dieser Vorname ist der Ihres spirituellen oder Ihres universellen Geistführers. Einzig Ihr Familiengeistführer trägt einen Namen, den Sie kennen.

Es hat keinen Sinn, dieses Protokoll mehrmals zu wiederholen. Das würde bedeuten, dass Sie Ihrem Geistführer sagen, dass Sie ihm nicht glauben. Seinen Geistführer zu finden, ist kein Spiel, wir sollten diesen besonderen Moment respektieren.

Ich habe dieses Experiment mit Freunden durchgeführt. Während unserer Sitzung stieß einer von ihnen auf Seiten, auf denen kein einziger Vorname stand. Ich bat ihn, den Inhalt der betreffenden Passage zu beschreiben. Es war die Geschichte eines alten Mannes, der mit seinem Enkel in einem Boot um die Welt segelte. Plötzlich war mein Freund sehr gerührt und erklärte, dass sein verstorbener Großvater ihn als Kind auf seinem Segelboot mitgenommen hatte und dass dieser Mann ihm sehr viel bedeutete. Sein Großvater war zweifellos einer seiner Geistführer. Die Therapeutin Stéphanie Crebassa, die an einem meiner Workshops teilgenommen hat, hat dieses Protokoll ebenfalls durchgeführt: Unter ihrem linken

Daumen stand »Carl Gustav Jung« und unter ihrem rechten »der vergessene Vorname«. Sie fragte mich, wie sie das deuten solle. Ihr Geistführer war nicht Jung, aber er trug einen der beiden bezeichneten Vornamen: Carl oder Gustav. Welcher war es nun? Glücklicherweise war auf der rechten Seite »der vergessene Vorname« angegeben. Carl kommt häufiger vor als Gustav. Stéphanies Geistführer hieß also Gustav. Nachdem sie ihre Mutter gefragt hatte, erfuhr sie, dass einer ihrer Vorfahren diesen Vornamen trug.

- *Wenn Sie auf einen vollständigen Namen stoßen, wie zum Beispiel Jack the Ripper, heißt das nicht, dass Ihr Geistführer dieser Mörder ist, sondern dass der Vorname Ihres Geistführers Jack ist. Wenn der gefundene Vorname mit dem Namen eines lebenden Verwandten übereinstimmt (ein Kind, ein Elternteil), ist diese Person nicht Ihr Geistführer. Es bedeutet lediglich, dass er diesen Vornamen trägt.*

Ich habe diese Methode in der Sendung *Beyond* – die auf der Website inress.tv zu sehen ist – beschrieben, die über 200.000 Mal angeschaut wurde. Viele haben mir von ihrer *Kontaktaufnahme* erzählt.

Unter all den Geschichten, die mir erzählt wurden, ist die von Michèle wirklich außergewöhnlich. Mit geschlossenen Augen griff sie nach einem Medizinbuch und öffnete es auf einer Abbildung des Ohrs im Schnitt. Unter dem linken Daumen: *die*

Eustachi-Röhre. Eustachius! Das Unglaubliche daran ist, dass ihre Mutter sie als kleines Kind oft in die Kirche Saint-Eustache in Paris führte und ihr sagte, dass der Heilige Eustachius sie immer beschützen würde. Michèles Mutter *wusste* intuitiv, dass der Heilige Eustachius einer der Geistführer ihrer Tochter war. Wie wahrscheinlich war es, dass Michèle in einem Medizinbuch einen Namen fand, der für sie einen Sinn ergab?

Sie kennen nun den Namen Ihres Geistführers. Sie wissen, wie Sie mit ihm in Kontakt treten können. Lernen Sie nun, ihn um Hilfe zu bitten, wenn Sie eine Entscheidung treffen müssen und unsicher sind.

Zum Abschluss noch eine Geschichte, die mir Nicolas Lebettre erzählt hat, ein ehemaliger Notar, der heute Therapeut ist und der mich eingeladen hatte, in seiner Region einen meiner Workshops abzuhalten. An diesem Tag nahm ein Freund von ihm daran teil, weil er ernsthafte gesundheitliche Probleme hatte … Die Situation war kritisch, er stand auf der Warteliste für eine Nierentransplantation. Zunächst spürte ich, dass er von den Techniken, die ich vorstellte, wenig angetan war. Dann kam ich darauf zu sprechen, wie man den Vornamen des Geistführers herausfinden kann. Am selben Abend machte er aus Neugierde einen Versuch. Die beiden Vornamen, die er fand, brachten ihn aus der Fassung, weil sie dem Doppelnamen eines verstorbenen Familienmitglieds entsprachen. Er erlaubte sich also, daran zu glauben, und bat diesen Geistführer um Hilfe. Am nächsten Abend rief ihn die Universitätsklinik an und teilte ihm mit, dass sie eine passende Spenderniere hatte!

Diese Methode ist großartig, weil sie auch den sehr rational veranlagten Menschen helfen kann, sich für das Unsichtbare zu öffnen. Wenn Sie sich einmal daran gewöhnt haben, mit Ihrem Geistführer zu kommunizieren, werden Sie nie mehr allein sein. Er freut sich immer, Ihnen zu helfen, wenn Sie ihn darum bitten, und es wird auch Ihnen Freude und gute Laune bereiten, mit ihm Kontakt aufzunehmen.

Drei Methoden, um mit der Hilfe Ihres Geistführers eine Entscheidung zu treffen

1. Sagen Sie: »Danke, lieber Geistführer, dass du mir hilfst, eine Entscheidung in Bezug auf diese Situation zu treffen (seien Sie genau).« Schließen Sie die Augen, nehmen Sie ein beliebiges Buch aus dem Regal, legen Sie bei geschlossenen Augen die Daumen auf die Seiten und lesen Sie dann die bezeichneten Zeilen. Sie sind in der Regel sehr aufschlussreich.
2. Vor dem Schlafengehen können Sie sich auch auf diese Weise an ihn wenden: »Danke, lieber Geistführer, dass du mir auf diese Frage (genau angeben, welche) eine Antwort gibst und sie mir durch meine Träume vermittelst.« Danken Sie Ihrem Geistführer am nächsten Morgen, auch wenn Sie sich nicht an Ihren Traum erinnern können. Wenn die Antwort nicht klar ist, wiederholen Sie die Bitte am nächsten

Abend – und vergessen Sie nicht, ihm am Morgen zu danken –, bis die Antwort klar ist.

3. Oder schreiben Sie jede Möglichkeit auf kleine Zettel, falten Sie sie, mischen Sie sie und bitten Sie: »Danke, lieber Geistführer, dass du meine Hand zur richtigen Wahl bei … (nennen Sie die Situation) führst.« Achten Sie auf die Kraft Ihrer Intention. Nehmen Sie schließlich einen beliebigen Zettel, lesen Sie ihn – und vergessen Sie nicht, sich zu bedanken.

15. KAPITEL

Ängste überwinden

Verbringen Sie ebenso viel Zeit damit, sich um sich selbst zu sorgen wie um andere? Wenn Sie zum Beispiel arbeitslos sind und sich mit den gesundheitlichen Problemen einer Person befassen, sich aber nicht darum kümmern, einen neuen Job zu finden; wenn Ihre Ehe in die Brüche geht und Sie Ihre Zeit damit verbringen, einer anderen Person zu helfen; wenn Sie sich Sorgen über die Misshandlung einer nahestehenden Person machen, ohne zu merken, dass Sie in Ihrer Kindheit Ähnliches erlebt haben … Es mag Sie überraschen, aber sich mit den Problemen der anderen (Kind, Eltern, Lebenspartner, Freund) auseinanderzusetzen, ist eine Strategie, die eigenen Wunden zu ignorieren. Die Sorgen, die Sie sich um diese Personen machen, verbergen Ihre eigenen Ängste. Wenn Sie sich übermäßig mit den Problemen anderer beschäftigen, ohne sich um sich selbst zu kümmern, kann das Folgendes bedeuten:

- Die Situation dieser Person spiegelt eine Ihrer persönlichen Schwierigkeiten, derer Sie sich nicht bewusst sind.

- Die Situation dieser Person reaktiviert eine emotionale Wunde, an der Sie nicht arbeiten können.
- Es ermöglicht Ihnen, nicht an das zu denken, was Ihnen Angst macht.

IHRE ÄNGSTE VERSTEHEN

Marie-Paule Jonathan, eine Psychotherapeutin, die auf transgenerationale Psychotherapie spezialisiert ist, erklärte mir, dass es zwei Formen von Ängsten gibt: berechtigte Ängste und irrationale Ängste.

- **Berechtigte Ängste:**
  Diese Ängste stehen in Zusammenhang mit Ihrer persönlichen Situation. Zum Beispiel, wenn Sie Angst davor haben, zu wenig Geld zu haben, kritisiert zu werden, jemanden in den Schatten zu stellen, zu enttäuschen, zu versagen oder keinen Erfolg zu haben. Oder wenn Sie sich um die Gesundheit eines nahestehenden Menschen sorgen oder darüber, ihm nicht helfen zu können. Oder wenn Sie Angst haben, verlassen zu werden oder allein zu leben. Dies sind »kleine Ängste«.
- **Irrationale Ängste:**
  Diese Ängste werden von unserem Verstand erzeugt und verschleiern die berechtigten Ängste. Das ist sogar ihre Aufgabe. Sie beziehen sich in der Regel auf den Tod (unseren eigenen, den unserer Kinder, unseres Partners, unserer Eltern) oder darauf, verrückt, körperlich behin-

> dert oder dauerhaft bewusstlos zu werden. Diese Ängste sind unbegründet (es sei denn, die betreffende Person ist schwer krank, oder man hat bereits ein Kind verloren). Es handelt sich nicht um eine Intuition oder Vorahnung, sondern um eine ABSCHIRMENDE Angst. Dies sind »große Ängste«.

Hier ein Beispiel zum besseren Verständnis: Wenn Sie befürchten, dass Ihnen das Geld ausgeht und gleichzeitig Ihre große Angst der Tod einer nahestehenden Person ist, dann verschwinden meistens diese düsteren Gedanken, wenn Ihre finanziellen Sorgen gelöst sind. Die »große Angst« verschwindet, sobald Sie eine »kleine Angst« losgeworden sind. Dieses Tarnungsspiel unserer Ängste durch unseren Verstand ist oft schwierig zu durchschauen, wie dieser andere Fall zeigt: Eine junge Frau ärgert sich immer wieder maßlos darüber, dass ihr Vater nicht in der Lage ist, sich selbst infrage zu stellen. Tatsächlich weigert er sich, mit dem Alkoholtrinken und dem Rauchen aufzuhören, obwohl er große gesundheitliche Probleme hat. Diese Situation macht sie wütend, weil sie Angst hat, dass er frühzeitig sterben könnte. (Ihre abschirmende Angst: der Tod ihres Vaters.) In Wirklichkeit ist sie wütend, weil diese Situation eine Wunde aktiviert: Sie möchte, dass ihr Vater auf sie hört, dass es ihm besser geht, dass er ihr dankt und dass er ihr sagt, dass er sie liebt. Sie hat Angst, dass er ihr, solange er leben wird, niemals Beachtung schenken wird. Auch in ihrem Beruf fühlt sie sich unsichtbar. (Ihre berechtigte Angst: Wann wird man mich anerkennen?) Um ihr Problem mit der Anerkennung zu lösen, könnte sie in Betracht ziehen, dass sie diesen Vater wegen seiner Fehler und dem, was sie wegen ihm durchmachen muss, *ausgewählt* hat. Anstatt ihn zu einer Änderung seiner Einstellung zu bewegen, könnte sie die schmerzhafte Bindung zu ihm reinigen (Protokoll 7) und so den nötigen Abstand finden, um ihm vergeben zu können. Ihr Vater wäre dann über die Gelassenheit seiner Tochter überrascht. Er wäre sogar von den Schuldgefühlen befreit, die ihn seit jeher plagen, weil er spürt, dass seine Tochter etwas von ihm erwartet, und er würde aufhören, sich selbst zu *bestrafen*, indem er sich weigert, etwas für seine Gesundheit zu tun.

Es ist also sinnvoll, nicht erst dann an unseren Ängsten zu arbeiten, wenn wir in Schwierigkeiten sind. Es liegt an Ihnen, sie zu erkennen! Hier sind einige Beispiele, die Ihnen dabei helfen werden, Ihre Ängste aufzudecken.

WENN DIE ANGST UNSERE KINDER BETRIFFT

Die meisten Eltern machen sich Sorgen um ihre Kinder. Wir alle wünschen uns, dass sie glücklich sind, dass sie nicht leiden müssen, wie wir manchmal leiden mussten, dass sie von unserer Erfahrung profitieren und auch Zeit gewinnen. Der beste Weg ist, mit gutem Beispiel voranzugehen! Ist man aber in der Position, Ratschläge zum Thema Liebe zu geben, wenn das eigene Liebesleben am Nullpunkt ist? Ist es legitim, Empfehlungen auszusprechen, wenn man nicht in der Lage ist, eine Entscheidung zu treffen? Sind wir berechtigt, ein Kind zu kritisieren, weil es nicht tut, was richtig wäre (für die Schule lernen), wenn wir nicht in der Lage sind zu tun, was für uns richtig ist (uns ausruhen)? Ist es zulässig, unserem Kind helfen zu wollen, wenn wir nicht in der Lage sind, unsere eigenen Blockaden zu erkennen? Aus diesem Grund ist es unerlässlich, zuvor an sich selbst zu arbeiten. Insbesondere ist es wichtig zu erkennen, dass unser *Zeitplan* nicht der Zeitplan unserer Kinder ist. Warum sollten sie nicht das Recht haben, Fehler zu machen, vom Leben zu lernen und ihre eigenen Erfahrungen zu sammeln? Wenn man einem Kind erlaubt, Fehler zu machen, gibt man ihm die Macht über seine Zukunft zurück und die Möglichkeit, den Fehler selbst zu erkennen und ihn zu vermeiden.

Fehlhandlungen eines Kindes können auch ein Mittel sein, um uns unserer Verletzungen bewusst zu werden, wie dieses Beispiel zeigt: Eine Mutter erzählte mir, dass ihr fünfzehnjähriger Sohn ihre Abwesenheit nutzte, um eine Party zu veranstalten. Vierzig Jugendliche stellten das Haus auf den Kopf. Wütend schrie sie, dass man ihm nicht vertrauen könne. Anstatt sich zu entschuldigen, schwieg der Teenager, was sie noch wütender machte. Die eigentliche Frage war jedoch, warum ihr Sohn diese Party veranstaltet hatte, ohne ihr Bescheid zu sagen. Sie räumte ein, dass ihr Sohn seit der Trennung seiner Eltern offenbar die Aufmerksamkeit seiner Freunde als Ausgleich suchte. Er war also zu allem bereit, um das Gefühl des Verlassenwerdens zu entschärfen. Als die Mutter sich ihrer eigenen Wunde des Verlassenwerdens bewusst wurde, erkannte sie, dass sich die Geschichte wiederholte. Sie arbeitete also an der Beziehung zu ihren Eltern, indem sie das Trostprotokoll 9 durchführte, und war sofort ausgeglichener. Dann hatte sie eine Idee, wie sie die Bindung zu ihrem Sohn wiederherstellen konnte: Sie kaufte die Süßigkeiten, die er so gerne mochte, und versteckte sie auf dem Schulweg. Dann schickte sie ihm eine SMS im Stil einer Schnitzeljagd: »Wenn du mit deinen Freunden Lust auf Süßigkeiten hast, findest du sie an diesem und jenem Ort.« Als der Teenager nach Hause kam, nahm er sie fest in den Arm und bat sie um Entschuldigung. Als sie ihre gemeinsame Verletzung (in seinem Fall das Verlassenwerden) entdeckte, konnte sie die Ereignisse aus einem anderen Blickwinkel sehen und die Motivation ihres Sohnes (bei seinen Freunden zu glänzen) verstehen, die hinter seinem Verhalten steckte.

- *Wir erzählen unserem Kind nicht von unserer gemeinsamen Wunde. Wir arbeiten an uns selbst, und das wird sich automatisch positiv auf das Kind auswirken. Wenn es sich als Erwachsener dafür entscheidet, daran zu arbeiten, und es sich dafür interessiert, können wir mit ihm darüber sprechen.*

WENN UNSERE ÄNGSTE DIE GESUNDHEIT EINER NAHESTEHENDEN PERSON BEEINFLUSSEN

Eine Freundin von mir ist eine junge Großmutter. Sie war entsetzt, weil ihr Enkel, der noch ein Säugling war, so oft die Milch erbrach. Sie und ihre Tochter befürchteten, dass er dehydrierte, und machten sich Sorgen um das Baby. Sie eilten zur Notaufnahme. Als ich sie nach ihrer Vergangenheit und ihrer Familie fragte, erfuhr ich, dass ihre Großmutter eine Tochter verloren hatte, dass sie selbst ihre ersten Lebensjahre wegen schwerer Krankheiten im Krankenhaus verbracht hatte und dass dies auch bei ihrer eigenen Tochter der Fall gewesen war. Seit drei Generationen hatten die Mütter also Angst, ihr Kind zu verlieren! Ich schlug ihrer Tochter vor, sich sanft und bestimmt mit folgenden Worten an ihr Baby zu wenden: »Du erbrichst, weil du meine Ängste spürst. Es sind nicht deine Ängste, es sind meine Ängste und die Ängste mehrerer Frauen vor mir. Ich befreie dich von diesen Ängsten. Sei beruhigt, jetzt wird alles gut.« Eine Stunde später rief mich die Freundin an und erzählte mir, dass ihr Enkel zum ersten Mal ohne Aufstoßen getrunken hatte und dass sie das Krankenhaus verlassen hatten.

- *Unsere Kinder sind unsere Spiegel. Sie saugen unsere Verletzungen auf und zeigen sie uns. Jedes Mal, wenn Sie sich um Ihr Kind sorgen, suchen Sie nach der Resonanz in sich selbst. Es ist gewalttätig … Wer war Ihnen gegenüber gewalttätig? Ihre Tochter wurde tätlich angegriffen … Wer hat Sie in der Kindheit angegriffen? (Führen Sie Protokoll 5 und 6 mit diesen Personen durch, aber nicht mit Ihrem Kind.) Es ist krank, welche Emotion verbinden Sie mit dem, was es durchmacht? Führen Sie Protokoll 5 und dann Protokoll 7 mit allen Personen in Ihrer Familie durch, die dieselbe Emotion erlebt haben.* ***Die Arbeit an sich selbst ist der beste Weg, auch Ihrem Kind zu helfen.***

WENN UNSERE ÄNGSTE LIEBE UND FINANZEN EINER NAHESTEHENDEN PERSON BEEINTRÄCHTIGEN

Nicole ist die Nachbarin einer Freundin von mir. Eines Tages ruft Nicole mich an, weil sie glaubt, dass eine böswillige Person ihre Tochter mit schwarzer Magie belegt. Sie erklärt mir, dass ihre Tochter sich immer wieder in Männer verliebt, die sie verlassen, dass sie gerade ihre Wohnung unter dem Marktpreis verkauft hat und dass sie beim Kauf eines gebrauchten Autos über den Tisch gezogen wurde. Meine Intuition sagte mir, dass die Probleme in Sachen Liebe mit den Lebensprüfungen ihres Vaters zusammenhängen … Ich fragte sie, ob er großen Herzschmerz hatte. Sie antwortete mir, dass sie seit zwanzig Jahren geschieden seien und er nie darüber hinweggekommen sei. Ich empfahl ihr, ihrer Tochter beizubringen, wie sie die schmerzhaften Bindungen zu ihrem Vater reinigen konnte (Protokoll 7), wobei sie klarstellen sollte, dass sie ihn sehr liebt, aber nicht länger seinen Liebeskummer tragen wolle. Dann fragte ich Nicole nach ihrer Beziehung zu Geld. »Ich mache mir noch immer Sorgen, ich hatte früher große finanzielle Schwierigkeiten.« Nicole hatte *ihre Angst vor Geldmangel in die Angst verwandelt*, dass es *ihrer Tochter an Geld mangeln könnte*. Keine Spur von schwarzer Magie, sondern eine unbewusste Projektion ihrer Ängste. Wenn sie an ihrer Angst arbeiten würde, würde sie auch ihre Tochter entlasten. Am besten wäre es, wenn auch die Tochter die schmerzhafte Bindung zu ihrer Mutter reinigen würde, indem sie sagte, dass die Angst vor Geldmangel nicht ihr gehörte und dass sie sie nicht länger tragen wolle.

- *Wir sollten nicht vergessen, dass jede Prüfung ein verstecktes Geschenk ist: Sie ist eine Gelegenheit, unsere eigenen oder geerbten Wunden zu heilen.*

WENN UNSERE ÄNGSTE UNSERE EIGENE GESUNDHEIT BEEINFLUSSEN

Noémie hatte eine manipulative Mutter. Ihr Vater starb sehr früh an Krebs, und sie glaubte, er habe nicht mehr leben wollen, weil er von dieser tyrannischen Ehefrau gequält wurde. Noémie musste sich nach ihrer Rückkehr aus dem Urlaub einer Biopsie unterziehen, weil ihr Arzt mehrere dunkle Flecken auf ihren Brüsten für besorgniserregend befunden hatte. Sie vertraute mir an, dass sie Angst davor habe, ebenfalls jung zu sterben, weil ihre Mutter ihr so schreckliche Dinge antat. Ich empfahl ihr, die Seelenrückholungsprotokolle durchzuführen (zuerst Protokoll 5, dann Protokoll 6 mit ihrer Mutter) und die schmerzhafte Bindung zu ihr zu durchtrennen (Protokoll 8), um sich vor weiterer Manipulation zu schützen. Dann sollte sie die Bindung zu ihrem Vater reinigen (Protokoll 7), damit seine Seele ins Licht gehen konnte. Bei der Biopsie wurde später nichts Ungewöhnliches festgestellt, und die braunen Flecken verschwanden.

Eines Tages entdeckte ich auf Facebook die Nachricht einer Therapeutin, die sich Sorgen um einen Patienten vor seiner

Operation machte. Sie rief »alle guten Seelen auf, diesem jungen Mann positive Schwingungen zu senden«. Dies ist ein großer Fehler, denn wir wissen nicht, wer diesen Beitrag lesen wird. Eine Person, die ihr Kind verloren hat, kann es diesem Jungen *unbewusst* übelnehmen, am Leben zu sein. Die Energie, die er dann erhält, ist nicht gut. Dies ist auch der Fall, wenn jemand an Krebs oder einer anderen schweren Krankheit leidet. Ich habe manchmal gesehen, dass in den Netzwerken ein »Aufruf an alle, um diesem Kranken Energie zu schicken« erschien. Aber wir wissen nicht, welche Zellen diese Energie erhalten werden! Die Krebszellen oder die heilenden Zellen?

WIE WIR UNS NICHT MEHR UM UNSERE LIEBSTEN SORGEN MÜSSEN

- *Man kann ein Protokoll nur für sich selbst und nicht für jemand anderen durchführen, da man keinen Zugang zu dessen Seele hat. Man darf diese Protokolle niemals Kinder unter achtzehn Jahren durchführen lassen (da ihr Bewusstsein dafür nicht bereit ist und dies ihnen schaden könnte). Außerdem sollte man nie jemanden zwingen, die eigenen Wunden anzuschauen, da die Person vielleicht noch nicht bereit ist, sich bestimmten schwierigen Umständen oder Traumata zu stellen.*
- *Wir können jedoch unseren Geistführer bitten, den Geistführer der Person, um die wir uns Sorgen machen, um*

Hilfe anzusuchen. Wenn es angebracht ist, wird sich die Situation positiv entwickeln.

Der Bruder einer Freundin von mir war verschwunden. Nach dem Tod seiner Frau wurde er depressiv. Er kümmerte sich um seine beiden Kinder im Teenageralter, so gut er konnte. Seit Kurzem hatte er eine neue Arbeit angefangen, um Bedürftigen zu helfen. Eines Tages wollte er sich mit seiner Schwester zum Mittagessen treffen, aber die Stunden vergingen, und er kam nicht. Vierunddreißig Stunden später hatte sie immer noch nichts von ihm gehört. Es war kein Unfall gemeldet worden. Die Polizei hatte ihn gesucht, aber ohne Erfolg. Sie war sehr besorgt und rief mich an. Um ihn zu finden, schlug ich ihr vor, eine Kerze anzuzünden, mit ihrem Geistführer Kontakt aufzunehmen und ihn zu bitten, mit dem Geistführer ihres Bruders zu kommunizieren, damit er der Seele ihres Bruders vermittelte: »Wie groß auch immer deine Verzweiflung, deine Schuldgefühle oder deine Hoffnungslosigkeit sein mögen, es gibt eine Lösung. Was du für die Obdachlosen tust, ist wunderbar, du kannst stolz auf dich sein. Bleib zuversichtlich, wir lieben dich.« Ihr Bruder wurde eine Stunde später gefunden! Er war auf einer kurvenreichen, von einem Wald gesäumten Straße verunglückt, was es bis dahin unmöglich gemacht hatte, sein Fahrzeug zu orten. Schwer verletzt war er plötzlich wieder zu sich gekommen, hatte sein Handy gefunden und den Rettungsdienst angerufen. Dieser Unfall war wohl eine Form der Selbstaufgabe, weil er große Beziehungsprobleme mit seiner Tochter hatte und sich nicht mehr in der Lage fühlte, mit diesen Schwierigkeiten fertigzuwerden. Die Botschaft, die ihm seine

Schwester von Geistführer zu Geistführer und somit von Seele zu Seele übermittelte, half ihm, wieder an das Leben zu glauben. Mit anderen Worten: Meine Freundin hat ihren Bruder gerettet.

- *Das Universum gibt uns durch Prüfungen zu verstehen, dass wir alle miteinander verbunden sind. Jedes Mal, wenn wir einen nahestehenden Menschen kritisch oder besorgt betrachten, sollten wir die Demut aufbringen zu bedenken, dass er in Wirklichkeit ein Spiegel ist. Um unseren Angehörigen zu helfen, müssen wir zuerst uns selbst trösten. Wenn uns das Verhalten einer nahestehenden Person irritiert, sollten wir uns daran erinnern, dass wir Personen und Situationen anziehen, die auf unsere eigenen Wunden hinweisen. Wenn wir uns selbst befreien, schaffen wir Gelassenheit auf allen Ebenen.*

Protokoll 12
Ängste erkennen und vertreiben

1. Versuchen Sie, anderen zu helfen, bevor Sie sich selbst helfen? Dieses Verhalten verdeckt Ihre eigenen Ängste (und eine alte Wunde).
2. Unterscheiden Sie zwischen irrationalen Ängsten (vor Tod, Behinderung oder Wahnsinn) und berechtigten Ängsten (die mit Ihrer Situation zusammenhängen).

3. Sprechen Sie die irrationale »große Angst« laut an: »Bisher hast du meine anderen Ängste versteckt, aber das brauche ich nicht mehr. Ich werde an meinen alten Wunden arbeiten und will keinen Schleier darüber haben. Du kannst gehen.« Seien Sie dabei freundlich, ohne jeglichen Zorn.
4. Betrachten Sie nun Ihre berechtigten Ängste, und versuchen Sie, die Wunde zu finden, die sich hier wiederholt. Bitten Sie Ihren Geistführer, Ihnen durch Träume dabei zu helfen oder Ihnen den richtigen Therapeuten zu »schicken«, der Ihnen hilft, Ihre Blockaden zu verstehen. Machen Sie das Protokoll 7, um schmerzhafte Bindungen zu reinigen, wenn es sich um eine Wunde handelt, die sich mit der eines Elternteils deckt. Führen Sie das Protokoll 9 durch, wenn Ihre Wunde mit einem Schuldgefühl in Verbindung steht.
5. Sprechen Sie Ihre berechtigten Ängste laut an: »Angst vor … (nennen Sie sie), du kannst gehen, ich habe verstanden, dass ich meine Wunde des Verlassenwerdens, der Ungerechtigkeit, des Vertrauensbruchs wieder durchlebe … Ich werde tun, was nötig ist, um sie zu heilen.«
6. Visualisieren Sie dann, dass Sie Ihre Ängste den Wolken, dem Meer oder dem Wind überlassen.
7. Notieren Sie jeden Tag drei Dinge, die Ihnen Freude, Vergnügen oder Glück gebracht haben. Zum Bei-

spiel die einfache Tatsache, dass Sie gut geschlafen haben, die ersten Kirschen gegessen haben, einem Freund begegnet sind … Helfen Sie Ihrem Verstand, sich auf das Erfreuliche zu konzentrieren. Dieses Glücksritual mit einer anderen Person zu teilen, hilft dabei, über diese drei freudigen Momente nachzudenken, und es wird dadurch noch effektiver.

16. KAPITEL

Die Kräfte des Lebensraums

EIN WERTVOLLER VERBÜNDETER

In der westlichen Welt wird behauptet: »Wo ein Wille ist, da ist auch ein Weg.« Der Mensch und sein Wille seien der Schlüssel zu allem. Im Osten denkt man jedoch anders. Marie-Pierre Dillenseger hat sich lange mit chinesischen Energiepraktiken beschäftigt. Sie wurde von großen Unternehmen als Expertin für die Begriffe Raum und Zeit herangezogen und hat hochinteressante Arbeiten durchgeführt.[10] Sie erklärte mir, dass in China davon ausgegangen wird, dass der Erfolg einer Handlung zu 20 Prozent von unserem Handeln abhängt, zu 30 Prozent vom Ort und zu 50 Prozent vom Zeitpunkt. Wir haben alle schon einmal festgestellt, dass uns der zeitliche Aspekt, also der richtige Zeitpunkt in Bezug auf Beruf, Familie oder Gesundheit mehr oder weniger günstig zu sein scheint (was man als »einfaches« oder »schwieriges« Jahr bezeichnet). Marie-Pierre Dillenseger empfiehlt deswegen, dass wir bei einer Entscheidung unsere Entschlossenheit mit der Kraft unseres

Ortes (unseres Wohnortes, unserer Firma) verbinden, um den Risikofaktor Zeit auszugleichen. So wird vermieden, dass wir uns verausgaben, wenn der Zeitpunkt ungünstig ist.

Wie können wir von der Unterstützung unseres Lebensraums profitieren? Wie Sie vielleicht schon bemerkt haben, werden auf unserem Planeten an zahlreichen Stellen kleine Altäre mit Opfergaben errichtet, um *die Seele des Ortes* zu ehren. In Frankreich erfahre ich von Florence Hubert, einer ehemaligen Apothekenhelferin, die seit fast zwanzig Jahren als Medium tätig ist, dass jede Wohnung, jedes Haus seine eigene Energie hat. Ob neu oder alt, jeder Ort besitzt einen *Hüter*, eine ihm eigene Wesenheit. Natürlich hätte ich diese *Seele des Ortes* für einen netten Aberglauben halten können, einen banalen *psychomagischen* Schutz, aber man muss feststellen, dass Florence Huberts Ausführungen zu diesem Thema die Praktiken von mehr als drei Milliarden Menschen widerspiegeln, insbesondere in China, Indien und Japan, die zu den reichsten Ländern der Welt zählen. Der Psychotherapeut Jacques Roques, der zusammen mit David Servan-Schreiber EMDR France gegründet hat, fügt in Bezug auf den *Hüter des Ortes* hinzu: »Man verzichtet auf die psychische Macht hilfreicher Vorstellungen nur deshalb, weil sie *angeblich* nicht auf wissenschaftlichen Kriterien beruhen.«

Protokoll 13
Kontaktaufnahme mit der *Seele des Ortes*

1. Stellen Sie sich in einen beliebigen Raum (die Energie ist überall).
2. Sprechen Sie den *Hüter des Ortes* laut an: »Lieber *Hüter*, ich freue mich, deine Existenz zu erkennen, und ich freue mich, deine Bekanntschaft zu machen. Heute ist der Beginn einer Zusammenarbeit.«
3. Begrüßen Sie ihn, wenn Sie an ihn denken, auf eine spielerische, respektvolle und freundliche Weise.
4. Wenn Sie ihn um Hilfe bitten, vergessen Sie nicht, ihm zu danken.

DER HÜTER DES ORTES

Im Jahr 2016 wohnten wir in einer Mietwohnung, in der wir bereits sechs Wasserschäden vom darüber wohnenden Mieter erlitten hatten. Ich sah darin eine Gelegenheit, diese Methode zu testen, und wandte mich an den *Hüter des Ortes*: »Ich freue mich, mit dir Kontakt aufzunehmen, bitte hilf uns, nie wieder einen Wasserschaden zu haben. Danke.« Es verging tatsächlich ein Jahr ohne Unannehmlichkeiten, doch dann standen wir wieder in den Niagarafällen. Ich wandte mich also enttäuscht an den *Hüter des Ortes*: »Ich verstehe nicht, wieso wir wieder einen Wasserschaden haben.« Als ich zu Bett ging, bat ich meinen Geistführer, mir durch meine Träume eine Erklärung zu liefern. Als ich aufwachte, hatte ich plötzlich eine Idee: Der Vermieter war verpflichtet, uns die volle Nutzung der Wohnung zu garantieren. Doch nach jedem Wasserrohrbruch mussten wir warten, bis das Zimmer getrocknet war, einen Gutachter bestellen, um die Kostenübernahme der Versicherung zu bestätigen, um dann mit den Renovierungsarbeiten beginnen zu können. Deshalb war ein Zimmer über einen Zeitraum von mehr als … 41 Monaten unbewohnt geblieben! Kurzerhand berechnete ich den Schaden im Verhältnis zur betroffenen Fläche und zur Miete und schlug der Vermietungsagentur vor, uns die Hälfte dieser Summe als Entschädigung zu zahlen, um vor unserem bereits geplanten Umzug schnell zu unserem Schadensersatzanspruch zu kommen … Natürlich wurde meine Forderung ignoriert. Ich übergab den Fall meinem Rechtsbeistand … und vor allem dem *Hüter des Ortes*, dem ich sagte: »Dank dieses Wasserrohrbruchs hilfst du uns, eine finanzielle Wiedergutmachung zu erhalten, an die ich nicht gedacht hatte. Bitte hilf uns, diese Summe zu erhalten, die wir für die Bezahlung unseres Umzugs brauchen können. Ich verlasse mich auf dich, danke.« Zwei Tage vor dem Datum, an dem wir unsere Kündigung einreichen mussten, überwies uns die Agentur den geforderten Betrag. Ich konnte es nicht fassen. Ich bedankte mich sofort bei dem unsichtbaren Verbündeten unseres Wohnortes.

Seitdem habe ich es mir zur Gewohnheit gemacht, den Kontakt zum *Hüter des Ortes* zu suchen. In meiner kleinen Einzimmerwohnung in Paris, in der ich schrieb, zündete ich zum

Beispiel regelmäßig eine Kerze in einem Windlicht für ihn an. Eines Tages beschloss ich, die Wohnung zum Verkauf anzubieten. Meine Käuferin war eine seriöse junge Frau. Sie arbeitete in einer Bank und war sich sicher, dass sie ihren Kredit bis zum Jahresende bekommen würde, um die steigenden Notarkosten zu vermeiden. Es war Herbst. November und Dezember vergingen, ohne dass sie sich noch einmal gemeldet hatte. Mitte Januar wollte die junge Frau die Wohnung noch einmal besichtigen, und ich befürchtete, dass sie ihre Meinung geändert hatte. Am Tag nach dieser neuerlichen Besichtigung rief mich der Makler an, der sie begleitet hatte, um sich zu entschuldigen: Er hatte das Windlicht zerbrochen, in das ich die Kerze für den *Hüter des Ortes* gesteckt hatte! Ich sah darin ein Zeichen und wandte mich sofort an den *Hüter*, um ihm zu sagen, dass ich ihn nicht verlassen, sondern mich auf dem Land in einer ruhigen Gegend niederlassen wollte. Dann dankte ich ihm herzlich für seine Hilfe während der Jahre, die ich mit dem Schreiben verbracht hatte, und verabschiedete mich. Fünfzig Minuten später, als ich meinem Mann gerade erzählte, was geschehen war, wurde unser Gespräch durch einen Anruf des Notars unterbrochen. Die junge Frau hatte gerade ihren Kredit erhalten! Die Ereignisse folgten so schnell aufeinander, obwohl ich fast drei Monate lang auf die Unterschrift gewartet hatte! Es wäre grotesk gewesen, dies als Zufall abzutun. Ich bin mir sicher, dass der *Hüter des Ortes* auf diese letzte Kontaktaufnahme meinerseits gehofft hatte. Aber würde das, was bei mir funktioniert hatte, auch bei anderen funktionieren? Ich hatte meine Zweifel. Das folgende Beispiel hat mir seine kraftvolle Unterstützung bewiesen und mich schließlich überzeugt.

Am 18. Januar 2018 schlug ich in einem Workshop vor, dass Teilnehmer, die Manipulation hautnah erlebten, meinen Roman *Les Blessures du silence* vorab lesen konnten, um mir zu sagen, ob das Buch eine Hilfe sei. Isabelle erklärte sich dazu bereit. Unter vier Augen erklärte sie mir, dass sie ihren Mann nicht verlassen konnte, weil sie ihr Haus verkaufen musste, um sich die Trennung leisten zu können, und dass sie seit acht Jahren einen Rechtsstreit mit den Nachbarn führten. Die Situation war festgefahren, und Isabelle war verzweifelt. Da ich keine Alternative sah, schlug ich ihr vor, mit dem *Hüter* ihres Hauses Kontakt aufzunehmen und ihm zu erklären, dass sie Hilfe brauchte, dass sie verkaufen musste, weil es um ihr Überleben ging. Vor allem aber bat ich sie, ihm für seine Hilfe all die Jahre zu danken und zu betonen, dass sie gezwungen war zu gehen. Diese Nachricht schickte sie mir sechs Tage später: »Ich habe mit dem Hüter meines Hauses gesprochen und 24 Stunden später erhielt ich eine E-Mail von unserem Anwalt, in der er mir mitteilte, dass das Gerichtsverfahren am 8. Februar stattfinden würde!« (Also zwei Wochen später!) Das Urteil wurde am 15. März verkündet, und Isabelle bekam Recht. Jeder, der schon einmal mit einem Gerichtsverfahren konfrontiert war, weiß, dass die Gerichte mit Bergen von Akten zu kämpfen haben und die Fristen endlos lang sind. Isabelles Verfahren, das seit acht Jahren blockiert war, wurde jedoch innerhalb von eineinhalb Monaten abgeschlossen!

Ich habe diese geheimnisvolle Hilfe des *Hüters des Ortes* auch im Rahmen eines von der Business School HEC organisierten Vortrags erwähnt. Ich war sehr überrascht, als ich das offensichtliche Interesse dieser Unternehmensleiter feststellte, von denen ich dachte, dass sie für das Unsichtbare verschlossen seien. Ich wurde allen Ernstes gefragt, ob es auf Schiffen und in der Internationalen Raumstation einen *Hüter* gebe! Wie bei jedem anderen Ort lautete die Antwort: Ja! Einer dieser Führungskräfte erzählte mir sogar, dass er jeden Tag mit einer großen Hundeskulptur spreche, die in seinem Büro steht, und er freute sich zu erfahren, dass es sich dabei um die *Seele des Ortes* handelt. Es ist manchmal einfacher, sich an eine Darstellung oder ein Objekt zu wenden, als mit einem leeren Raum zu sprechen, weshalb also sollte man auf diese Hilfe verzichten?

Eine Freundin von mir nahm an einem Workshop teil, in dem ich über diese wertvollen Hilfen der Geistführer und des *Hüters des Ortes* sprach. Einen Monat später rief sie mich an: »Als ich das erste Mal laut mit meiner Haustür gesprochen habe, kam ich mir lächerlich vor. Aber nachdem daraufhin besonders erstaunliche konkrete Auswirkungen folgten, schüttelte ich meinen Rationalismus ab, und jetzt wende ich mich wirklich oft an diese unsichtbaren Hilfen, als hätte ich das schon immer getan. Mit meinen Verbündeten zu sprechen ist ganz natürlich geworden.«

Noch bewegender ist die Nachricht von Patrick, einem Arzt aus Limoges, der an einem meiner Workshops teilgenommen hatte. Er schrieb mir, wie sehr er sich darüber gefreut hatte, die *Seele des Ortes*, an dem er sich für ein Seminar aufhielt, zu *sehen*. »Es ist unglaublich, denn die Freundlichkeit und Gastfreundschaft dieses Hüters sind mir sofort aufgefallen. Als ich in dieser Stadt ankam, hatte ich das Gefühl, erwartet zu werden!«

- *Der Hüter einer Wohnstätte (oder von Firmenräumen) befindet sich innen neben der Eingangstür, links oder rechts, dort, wo Platz ist. Er ist jedoch in jedem Raum präsent, sobald man ihn anspricht. Eine wunderbare Zusammenarbeit wird entstehen, wenn Sie Kontakt zu ihm aufnehmen, mit ihm sprechen, sich über seine Anwesenheit freuen, ihn begrüßen, ihn um Hilfe im Zusammenhang mit dem Ort bitten und ihm dann danken. In einem Firmengebäude, einem Wohnbau oder einer Gruppe von Gebäuden für eine einzige Familie gibt es nur einen einzigen Hüter für den gesamten Standort. Sie können ihn bitten, Ihr Haus vor böswilligen Personen zu schützen.*
- *Wenn Sie umziehen möchten, sollten Sie ihn um Unterstützung bitten. Packen Sie einige Dinge in einen Karton, um den Auszug zu bestätigen. Danken Sie ihm dafür, dass er Sie in all den Jahren aufgenommen hat, und bitten Sie ihn dann um Hilfe bei der Suche nach einer anderen Immobilie.*
- *Der Hüter ist an den Ort gebunden (er existiert auch, wenn Sie gerade erst gebaut haben), und wenn Sie weggehen, folgt er Ihnen nicht. Denken Sie daran, sich vor dem Umzug von ihm zu verabschieden.*
- *Für diejenigen, die einen Garten haben, gibt es einen Grundstückshüter, der sich in Form eines Baumes materialisiert. Bitten Sie ihn, Ihr Haus und die umliegende Natur zu schützen.*

17. KAPITEL

Sich schützen

ERDEN SIE SICH

Was kann man tun, wenn man sich im Ungleichgewicht befindet? Eine weltweit bekannte Methode hilft, wieder in das *Neutrale* zu kommen. Es handelt sich dabei um Erdung, genauer gesagt um eine »Verwurzelung«. Wenn Sie sich vorstellen, ein Baum zu sein, gewinnen Sie wieder an Stabilität.

Protokoll 14
Erdung

1. Nehmen Sie ein Diktiergerät oder Smartphone zur Hand, um die folgenden Sätze – langsam – aufzunehmen.
2. Stellen Sie sich aufrecht hin, die Füße parallel und leicht auseinander. Falls Sie im Rollstuhl sitzen,

stellen Sie sich vor, dass Sie stehen. (Denken Sie an die unglaubliche Kraft Ihrer Spiegelneuronen.)

3. Wählen Sie den Baum, mit dem Sie sich verbinden wollen. Ein Baum aus Ihrem Garten, aus einem Park, aus Ihrer Kindheit oder aus einem Wald. Achtung: Er muss gerade sein. Denn »krumme« Bäume wachsen im Bereich von Störfeldern, sodass Sie diese Energie besser nicht annehmen sollten.
4. Schließen Sie die Augen, und stellen Sie sich vor, dass Sie dieser Baum sind. Ihr Kopf und Ihre Arme sind seine Äste. Sie sind mit dem Himmel verbunden. Die Sonne scheint auf den oberen Teil, eine leichte Brise weht vorbei, das ist angenehm. Ihr Oberkörper ist der Stamm dieses Baumes, er ist gerade und kräftig. Der Stamm setzt sich über Ihr Becken, Ihre Ober- und Unterschenkel fort. Von Ihren Füßen dringen zwei große Wurzeln kraftvoll in die Erde. Diese Wurzeln reichen bis zum Mittelpunkt der Erde. Langsam schöpfen sie die Kraft aus dem Humus. Jede der beiden Wurzeln bildet Dutzende von kleinen Wurzeln und Hunderte von feinen Wurzelhaaren, die Energie aus der Erde ziehen. Ihre Wurzeln treffen auf ein wenig Wasser, auf reichhaltige Erde … Diese Wurzeln wachsen weiter, sie dringen in die Erde ein, immer tiefer, und treffen auf Lehmschichten, auf Sand … Sie gleiten um Steine herum und setzen ihren Abstieg zum Erdmittelpunkt fort.

Ihre beiden großen Wurzeln und alle kleinen Wurzeln sammeln die Energie, die Sie brauchen. Sie nehmen die Kraft und die Stabilität auf, die diese Erde Ihnen großzügig anbietet. Sie dringen sehr tief in die Erde ein, hin zu einer liebevollen Wärme.

5. Stellen Sie sich nun vor, dass Sie Ihren Wurzeln entlang wieder aufsteigen. Sie sind gefüllt mit Energie, Spurenelementen, Wasser, Nahrung, Stabilität, Kraft, mit allem, was Sie brauchen … Steigen Sie langsam an Ihren größeren und kleineren Wurzeln empor … und spüren Sie die Kraft, die sie in sich tragen. Steigen Sie empor … schön langsam … Steigen Sie immer weiter hinauf mit diesem Substrat und dieser wohltuenden Energie … Diese Stabilität ist in Ihnen.
6. Dann, endlich, erreichen Sie Ihre Füße. Nehmen Sie das Gefühl wahr. Verbinden Sie sich mit dem festen Boden. Steigen Sie weiter hinauf, entlang Ihrer Waden, Knie und Beine, bis zum Becken. Halten Sie auf Höhe des Bauchnabels inne. Ihr Körperschwerpunkt ist so mit dem Mittelpunkt der Erde und Ihre Äste sind mit dem Himmel verbunden, in perfekter Ausrichtung.
7. Öffnen Sie die Augen, und danken Sie dem Baum.

Wenn Sie das Gefühl haben, dass Sie während des Protokolls *geschwankt* haben, bedeutet das, dass Sie nicht genug geerdet sind. Wiederholen Sie das Protokoll am nächsten Tag und mehrere Tage hintereinander, bis Sie eine wahre Stabilität fühlen. Wenn man von Lebensprüfungen gebeutelt wird, hilft es, verwurzelt zu sein, um im Sturm aufrecht zu bleiben. Wenn man sich das Unglück einer nahestehenden Person angehört hat oder wenn man Therapeut ist, hilft es, sich zu erden, um wieder ins *Neutrale* zurückzufinden.

Christophe Noël, ein Energetiker, schreibt mir zu diesem Thema: »Ich führe *Hausreinigungen* durch (wenn die Energien negativ sind) und manchmal Exorzismen. Trotz aller Schutzmaßnahmen, die ich vor den Eingriffen anwende, bin ich sehr häufig *völlig erschöpft* und muss Kollegen um Hilfe bitten, wenn ich mich nicht allein reinigen kann. Ich habe gerade festgestellt, dass ich, nachdem ich an drei Orten gearbeitet habe, von denen einer besonders belastet war, nicht diese Erschöpfung empfand, weil ich davor das Protokoll der Erdung durchgeführt habe, das Sie uns gelehrt haben.«

Nun liegt es an Ihnen, sich zu erden!

REINIGEN SIE IHRE ZELLEN

So wie man sich sorgfältig duscht und kleidet, lernen Sie jetzt, die Energie und die feinstofflichen Informationen, die Ihre Atome umgeben, zu reinigen. Dies wird von manchen als Aura bezeichnet. Dieses Protokoll ist interessant, weil Ihre Energiehülle durch Ängste, Wut oder auch Schuldgefühle verunreinigt ist. Diese Verunreinigung stört Ihr inneres Radar, das heißt Ihre Intuition, und das führt dazu, dass Sie in Ihrem täglichen

Leben Fehler machen. Noch einmal danke ich Florence Hubert für die Überlieferung des folgenden Protokolls.

Protokoll 15
Zellreinigung

1. Besorgen Sie sich ein Bündel getrockneten weißen Salbei. Nehmen Sie dann ein leeres Glas und Streichhölzer zur Hand.
2. Zünden Sie die Blattspitzen des Salbeibündels an und blasen Sie sofort sanft auf die Flamme, um sie zu löschen. Der Salbei stößt einen dicken weißen Rauch aus. Stecken Sie das Bündel in das Glas, und stellen Sie es auf den Boden.
3. Stellen Sie sich darüber, mit leicht gespreizten Beinen, sodass der Rauch in Ihren Schritt steigt, wo sich Ihr erstes Chakra befindet. Wenn Sie eine Person mit eingeschränkter Mobilität sind, stellen Sie das Glas unter den Stuhl, auf dem Sie sitzen.
4. Lesen Sie die folgende Formel laut vor und nehmen Sie sich dabei Zeit, das Gesagte zu visualisieren. Wie immer ist die Intention sehr wichtig.
5. »Ich danke meinem Geistführer und den Erzengeln Gabriel, Michael und Raphael, dass sie mir helfen, meine Zellen wieder ins Gleichgewicht zu bringen.« Atmen Sie dann dreimal kräftig durch den Mund aus, und blähen Sie dabei den Bauch auf. Dann

fahren Sie fort: »Möge alles, was hässlich, dunkel und schmerzhaft ist, sich jetzt als Erzengelenergie loslösen. Ich danke meinem Geistführer und den Erzengeln Michael, Gabriel und Raphael, dass sie alles entfernen, was mich auf energetischer Ebene stört. Mögen meine negativen Gedanken und die negativen Gedanken, die anderen Personen gehören, wieder ins Licht gehen.«

6. Visualisieren Sie den Rauch des Salbeis, der Sie einhüllt. Fahren Sie fort: »Möge alles, was anderen Personen gehört, alles, was mich bremst, alles, was ungerecht ist, ins Licht gehen, möge alles, was verschoben ist, wieder an den richtigen Platz kommen.«
7. Atmen Sie noch dreimal kräftig durch den Mund aus, und blähen Sie dabei den Bauch auf. Sagen Sie dann: »Mögen mich alle kleinen Zellen positiver Energie wieder umhüllen, möge mein ganzes Licht zurückkehren, mögen sich alle meine Chakren neu ausrichten und sich neu positionieren, von oben nach unten und von unten nach oben, indem sie ihre Farbe und ihren Platz wieder einnehmen. Mögen sich alle kleinen Zellen positiver Energie in ihrem Rhythmus und in die richtige Richtung drehen. Ich danke meinem Geistführer, den Lichtwesen und den Erzengeln für diese Neuausrichtung.«

8. Atmen Sie ein letztes Mal kräftig dreimal durch den Mund und blähen Sie dabei den Bauch auf.
9. Wiederholen Sie das Ganze dreimal.

Vergessen Sie nicht, das Salbeibündel zu löschen, indem Sie das obere Ende auf Beton oder einen Stein klopfen, damit die Blätter nicht weiter verglühen. So können Sie es wiederverwenden.

REINIGEN SIE SICH

Ich habe das folgende Reinigungsprotokoll optimiert, indem ich das Beste aus einem Dutzend Reinigungsritualen integriert und die Ratschläge von Loan Miège, die Medium und Heilerin ist, berücksichtigt habe. Sie rät nämlich, alles, was uns schadet, in seine ursprüngliche Ebene zurückzuschicken. Dieses Protokoll erfordert keine Artefakte und kann daher von jedem sehr leicht angewendet werden.

Protokoll 16
Reinigung

Sagen Sie laut: »Ich danke meinen Geistführern, den Lichtwesen und allen höheren und wohlwollenden Geistwesen, dass sie mir bei dieser Reinigung beistehen.

Danke, dass ihr mich von allen meinen negativen Gedanken und allen negativen Gedanken, die nicht zu mir gehören, befreit und sie im reinigenden Licht auflöst. Danke, dass ihr alles, was um mich herum oder in mir existiert und mich hemmt, in die ursprüngliche Existenzebene zurückschickt. Danke, dass ihr ungelöste Konflikte und schmerzhafte Erinnerungen mit Licht flutet, um sie in diesem und allen anderen Leben zu heilen. Bitte korrigiert und repariert etwaige Verschiebungen, Verzerrungen oder Risse meiner Energiekörper. Bitte helft ihnen, sich perfekt um meinen physischen Körper herum auszurichten. Möge alles ausgeglichen und harmonisiert sein. Danke, dass ihr meinem physischen Körper, meinen Energiekörpern, meiner Aura und den verschiedenen Ebenen, die mich ausmachen, dabei helft, vollständig gereinigt, ausgeglichen und harmonisiert zu werden, und dass meine gesamte energetische Struktur repariert wird und in ein Gleichgewicht kommt. Danke, dass ihr mich mit Licht, positiver Energie und universeller Liebe flutet. Ich danke meinen Geistführern, den Lichtwesen und den höheren und wohlwollenden Geistwesen für die Durchführung dieser Reinigung sowie für ihren Schutz.«

- *Wenn Sie bei der Durchführung der Protokolle gestört werden oder wenn Sie Ihren Schutz im Alltag verstärken möchten, sprechen Sie folgende Worte: »Möge ein unendliches Licht in mich kommen und mich mit seiner Kraft durchstrahlen.« Sie können es dabei belassen, aber wenn Sie das Gefühl haben, dass zusätzlicher Schutz erforderlich ist, können Sie sich auch eine riesige, durchscheinende, schillernde Blase um sich herum vorstellen (golden und violett, wie eine große Seifenblase), die unter Ihren Füßen und über Ihrem Kopf verläuft, und sagen: »Mögen alle negativen Energien und Gedanken, die anderen gehören, sich von der Blase entfernen. Mögen alle negativen Energien und Gedanken, die mir gehören, die Blase verlassen. Nur meine positiven Energien und Gedanken bleiben im Inneren dieser Blase aus Licht.«*

Nach einem anstrengenden Arbeitstag kommen wir in der Regel in einem Zustand extremer Müdigkeit nach Hause. Wenn Sie eines dieser Protokolle durchführen, werden Sie eine echte Befreiung spüren. Beachten Sie auch, dass alle diese Rituale ab und zu durchgeführt werden sollten, um die Arbeit an Ihren Ängsten und emotionalen Verletzungen zu ergänzen.

Heiler und Medien pflegen zu sagen, dass »Wasser negative Gedanken und Handlungen löst«. Das gilt insbesondere für Salzwasser. Wenn Sie das Glück haben, ans Meer zu fahren, baden Sie darin, und stellen Sie sich dabei eine reinigende Wirkung auf Ihre Ideen, Gedanken, Ängste und Schuldgefühle vor – und auf all jene, die nicht zu Ihnen gehören.

Als Ergänzung dazu gibt es eine Methode, mit der Sie in der Natur an Kraft gewinnen können.

TANKEN SIE KRAFT

Protokoll 17
Energetisches Baumritual

1. Wählen Sie im Herzen eines Waldes, in einem öffentlichen Park oder in Ihrem Garten einen großen, aufrechten Baum.
2. Bleiben Sie in einigen Metern Entfernung stehen, und bitten Sie den Baum mental um Erlaubnis, sich zu nähern. Lassen Sie sich wie bei einem Tier *beschnuppern*.
3. Sobald die Verbindung hergestellt ist, gehen Sie zu ihm, und lehnen Sie sich an den Stamm. Mit dem Rücken oder mit der Vorderseite, das spielt keine Rolle. Bitten Sie den Baum, Ihnen Energie zu geben.
4. Stellen Sie sich vor, dass seine Lebenskraft durch Ihre Füße in Ihren Körper gelangt und dort Kraft, Sanftheit und innere Ruhe abgibt.
5. Wenn Sie sich besser fühlen, können Sie dem Baum danken. Diese »bewusste Umarmung« erzeugt große Emotionen: Variieren Sie die Empfindungen, indem Sie diese Übung mit einem jungen Baum praktizieren.

Bäume existieren seit 380 Millionen Jahren, während es die Menschheit erst seit sechs Millionen Jahren gibt. Sie sind die

Großeltern des Lebens auf der Erde. Wir sollten so oft wie möglich ihre Nähe suchen und sie respektieren, um uns an ihrer Gegenwart zu bereichern. Sich wieder mit der Natur verbinden ist ein wunderbarer Weg, um wieder Freude zu empfinden.

SCHÜTZEN SIE SICH VOR SICH SELBST

Warum ist es wichtig, dass wir uns von negativen Gedanken befreien? Weil sie eine Information liefern. Wenn wir unsere Gedanken laut aussprechen, verleihen wir ihnen zusätzliche Energie. Und da unser Körper zum größten Teil aus Energie und Information besteht, nistet sich alles, was wir denken und sagen, im Herzen unserer Zellen ein.

Wenn Sie Hass auf eine Person empfinden, saugt Ihr Körper diese Energie auf, und Sie tragen sie fortan in sich. Ihr Alltag wird dadurch auf seltsame Weise beeinträchtigt. Es kommt automatisch zu unglücklichen Verkettungseffekten. Personen aus Ihrem Umfeld oder sogar Fremde werden auf unerklärliche Weise zu heftigen Reaktionen neigen und die Gedanken spiegeln, die Sie aussenden, ohne dass Sie sich dessen bewusst sind. Das führt zum Beispiel zu einer Abfolge von Ereignissen wie: »Heute Morgen hatte ich Streit mit meinem Freund/meiner Freundin, auf dem Weg zur Arbeit beschimpfte mich der Fahrer hinter mir, weil ich nicht gesehen hatte, dass die Ampel grün wird, und zu guter Letzt machte sich meine Kollegin über mich lustig, als ich eine Idee vorschlug.«

Wenn Sie über jemanden negativ denken und ihn kritisieren, ohne zu versuchen zu verstehen, warum diese Person so handelt, verändert das Ihre »Schwingungsfrequenz«. Die Frequenz der Energie, aus der Sie bestehen, ändert sich nämlich. Sie neigen dann dazu, alles von der negativen Seite zu betrachten, weil Sie von der Energie der Worte, mit denen Sie über die Person urteilen, umgeben sind. Mit anderen Worten: Sie sehen das Glas halb leer und verpassen Chancen, weil Ihre Zellen nicht aufeinander abgestimmt sind. Alles wird von dem beeinflusst, was Sie mit Ihren Gedanken erzeugen.

In diesem Zusammenhang hat mir ein koreanischer buddhistischer Meister, der ehrwürdige Seongnam, ein sehr anschauliches Bild davon gegeben, wie unsere Gedanken, Taten und Worte wirken. Um sich diesen Vorgang vorzustellen, formen Sie aus Ihrer Hand einen Revolver, mit dem Sie auf jemanden zielen: den Zeigefinger gerade nach vorne ausgestreckt, den Daumen nach oben und die anderen drei Finger an die Handinnenfläche gelegt, in Ihre Richtung zeigend.

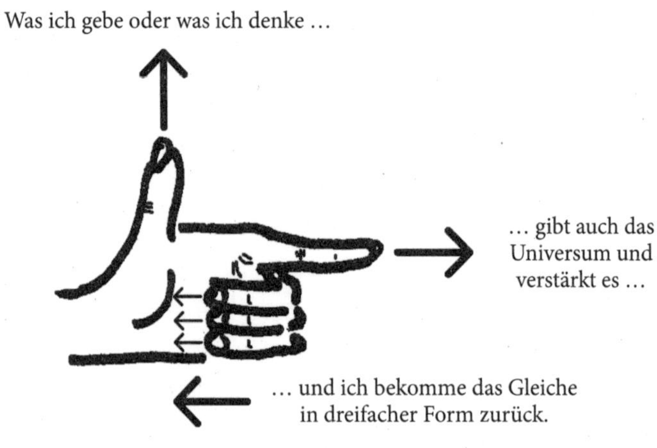

Der Zeigefinger steht für Ihr Denken und Handeln. Der nach oben gestreckte Daumen ist das, was das Universum erzeugt, indem es Ihre Gedanken oder Handlungen verstärkt. Die anderen drei Finger stehen für das, was zu Ihnen zurückkommt. Was Sie denken oder tun … wird vom Universum verstärkt … und es kommt dreifach zu Ihnen zurück. Wenn Sie eine Person kritisieren, werden Sie von mehreren Personen kritisiert. Wenn Sie jemanden bestehlen, werden Sie auf andere Weise viel verlieren. Ebenso werden Sie, wenn Sie großzügig sind, viel erhalten.

Kurz gesagt: Wenn Sie in allem das Positive sehen, wird auch das Leben gut zu Ihnen sein. Das hat mit der Energie zu tun, die um Sie herum und in Ihnen fließt. Je mehr Sie andere respektieren, desto mehr werden andere Sie respektieren. Wenn Sie sich selbst gegenüber tolerant sind (zum Beispiel, wenn Sie sich sagen: »Ich habe nicht das Richtige getan, aber ich habe mein Bestes gegeben«), dann werden Sie anderen gegenüber toleranter sein, und die anderen werden Ihnen gegenüber toleranter sein. Auf diese Weise werden Sie besser leben.

Dieses Bild bestätigt die Annahme, dass wir Menschen und Situationen anziehen, die durch unsere eigenen Verletzungen hervorgerufen werden. Fragen Sie sich doch einmal, was Sie seit heute Morgen gedacht haben … Ihre Denkweise kann Ihre Zukunft radikal verändern.

Prüfungen bestehen

Mehrere Mütter, die befürchteten, dass ihr Kind eine Prüfung nicht bestehen würde, wandten das folgende Protokoll 18 vor der Prüfung, währenddessen und immer wieder bis zu den Ergebnissen an und erzählten mir von ihrer Überraschung über den fast wundersamen Erfolg ihres Kindes. Einen Zustand der Gelassenheit zu erzeugen (und nicht der Angst) ist die beste Unterstützung, die wir unseren Mitmenschen bieten können.

GLÜCK IM ALLTAG

Protokoll 18
Lebensglück finden

1. Sagen Sie laut: »Ich wünsche … Glück«. Sprechen Sie diese Worte intensiv und von ganzem Herzen aus.
2. Wählen Sie drei Personen aus, für die Sie sich Erfolg, Gesundheit und Gelassenheit wünschen. Bei Ihren Liebsten ist das einfach. Aber machen Sie diese Übung auch mit Fremden auf der Straße … und noch besser, wenn Sie sich dazu in der Lage fühlen, mit Menschen, die Sie nerven oder die Ihnen Unrecht getan haben. Tun Sie es aufrichtig, das ist wichtig.
3. Beobachten Sie, wie Sie sich fühlen. Wenn Sie diese liebevolle Absicht jeden Tag praktizieren und darauf achten, jedes Mal drei verschiedene Personen auszuwählen, ziehen Sie Glück und Freude an.
4. Seien Sie immer positiv, damit das Universum diese Energie, die um Sie herum fließt, verstärkt.

18. KAPITEL

Besser schlafen

Frankreich hält den Weltrekord im Konsum von Schlaf- und Beruhigungsmitteln. Der Psychiater und Schlafspezialist Dr. Patrick Lemoine, den ich interviewt habe, erklärt, wie besorgniserregend die Situation ist: »Das Gesundheitsministerium sagt, dass man als Erstbehandlung keine Medikamente verschreiben sollte und wie wichtig es sei, Entspannungstechniken oder kognitive Verhaltenstherapien zu bevorzugen, doch die Krankenkasse übernimmt nur die Kosten für die Medikamente. Das ist wirklich ein Problem, denn Studien haben gezeigt, dass sich bei 100.000 behandelten Personen das Sterberisiko verdoppelt, wenn diese Benzodiazepine länger als drei Monate eingenommen werden, ganz zu schweigen von dem erheblichen Gedächtnisverlust und dem erhöhten Risiko, an Demenz, Typ Alzheimer, zu erkranken. Übrigens sollte man die Behandlung nie plötzlich abbrechen, da dies zu Epilepsie und schweren Verwirrtheitszuständen führen kann.«[11]

Die Qualität Ihres Schlafs macht Ihnen Sorgen? Denjenigen, die über sechzig Jahre alt sind und in Panik geraten, weil sie nicht mehr wie ein Baby schlafen, erklärt Patrick Lemoine, dass der Schlaf mit zunehmendem Alter weniger tief ist und dass man nachts häufiger aufwacht. Das ist völlig **normal**. Es ist sinnlos, angstlösende, beruhigende oder schlaffördernde Medikamente einzunehmen, um zu *reparieren*, was jetzt Ihr natürlicher Schlafrhythmus ist. Akzeptieren Sie, dass Ihre Nacht von Wachphasen unterbrochen wird, das ist der natürliche Lauf der Dinge.

DER SCHLÜSSEL IST DAS AUFWACHEN

Woran erkennt man, ob man eine gute Nacht hatte? Dr. Patrick Lemoine ist der Meinung, dass alles in Ordnung ist, wenn Sie beim Aufwachen fit sind und tagsüber keine Probleme mit der Wachsamkeit, der Konzentration oder dem Gedächtnis haben. »Der Schlaf ist egal, wichtig ist, wie man sich beim Aufwachen fühlt«, fügt er hinzu. Aber wenn Sie nun müde aufwachen, wie können Sie Ihren Schlaf verbessern?

Tipps für einen besseren Schlaf

1. Wenn Sie Beruhigungsmittel einnehmen, bitten Sie Ihren Arzt, die Dosierung schrittweise zu reduzieren.
2. Nehmen Sie Kräuter als Tee oder in Tablettenform zu sich, zum Beispiel Baldrian, Passionsblume oder

Kamille. Sie können sich auch Melatonin verschreiben lassen (ein natürliches Hormon, das Ihrem Gehirn signalisiert, dass es bald Zeit zum Schlafen ist).

3. Machen Sie außerdem eine Therapie zum Stressabbau, zum Beispiel mit Sophrologie, Hypnose, EFT ...
4. Schaffen Sie sich am Abend zwischen der Rückkehr von der Arbeit und dem Zeitpunkt, zu dem Sie ins Bett gehen, eine Zeitspanne mit einer ruhigen Tätigkeit. Lesen Sie, stricken Sie, sehen Sie sich einen Film auf dem Fernsehbildschirm an: Es ist wichtig, die Zeit vor dem Schlafengehen zu ritualisieren, damit Ihr Körper sich daran gewöhnt, die Vorboten des Schlafs zu erkennen. Kurz gesagt: Bereiten Sie Ihren Körper vor.
5. Meiden Sie Bildschirme von Tablets und Smartphones, die blaues und weißes Licht erzeugen, da diese Farben die Melatoninproduktion blockieren und Sie am Schlafen hindern.
6. Nehmen Sie vor dem Schlafengehen ein lauwarmes Bad oder eine lauwarme Dusche: Die Senkung der Körpertemperatur fördert den Schlaf. Am Morgen sollten Sie dagegen heißes Wasser verwenden. (Denn eine erhöhte Körpertemperatur regt die Bildung von aktivitätsfördernden Hormonen an.)
7. Halten Sie alles, was elektromagnetische Strahlen erzeugt, von Ihrem Kopf fern: elektrische Wecker,

Lampen, eingeschaltete Mobiltelefone, schnurlose Telefone, Internetboxen …

8. Vermeiden Sie es, auf einer Federkernmatratze zu schlafen, da diese die elektromagnetischen Felder verstärkt.
9. Manchmal kreuzen sich unterirdische Quellen, die schädliche Strahlen erzeugen, sogenannte Wasseradern, die Ihren Schlaf stören können. Vergleichen Sie die Qualität Ihres Schlafs oder sogar die Verbesserung Ihrer Gesundheit, nachdem Sie Ihr Bett um einige Zentimeter verschoben oder in einem anderen Zimmer geschlafen haben. Wenn Sie sich nicht sicher sind, wenden Sie sich an einen Geobiologen.
10. Um friedlich zu schlafen, entfernen Sie den Fernseher aus Ihrem Schlafzimmer, arbeiten Sie nie im Bett, sondern reservieren Sie diesen Platz für den Schlaf. Zu guter Letzt sollten Sie Ihr Bett von emotionalem Abfall befreien (siehe Protokoll 19).

AUF DIE ÜBERLASTUNG DES KÖRPERS ACHTEN

Es kann vorkommen, dass man leicht einschläft, aber mitten in der Nacht aufwacht und nicht wieder einschlafen kann. Der Akupunkturarzt Robert Corvisier erklärt dieses Phänomen, das in der chinesischen Medizin beschrieben wird, folgendermaßen: Tagsüber gibt es viele Gelegenheiten, Wut zu empfinden. Diese Emotion wird dann von der Leber während der Nacht *verdaut*. Zucker, Alkohol und fettige Lebensmittel fügen komplexe Moleküle hinzu, die ebenfalls abgebaut werden müssen. Auch wenn die Leber eines der größten Organe des menschlichen Körpers ist, kann es vorkommen, dass sie diese Überlastung nicht mehr bewältigen kann. Dann übergibt sie an die Milz … Und diese nimmt ihre Arbeit gegen 4 Uhr morgens auf. Sie wird die *Grüblerin* genannt, weil sie unsere kreisenden Gedanken und Sorgen anregt. Deshalb wachen Sie häufig um diese Zeit auf: Es ist eine Botschaft Ihres Körpers, dass Ihre Leber überlastet ist. Zögern Sie in diesem Fall nicht, einen Termin bei einem Therapeuten zu vereinbaren, dessen Arbeit eine Entgiftung der Leber und der Milz ermöglicht (Shiatsu, Akupunktur, Psycho-Bio-Akupressur …).

ENERGETISCHE BETTREINIGUNG

Der Ort, den Sie in einem Haus zuerst reinigen sollten, ist Ihr Bett, denn wenn Sie zu Bett gehen, bringen Sie alles mit, was Ihnen tagsüber begegnet ist und Sie beschäftigt: die Arbeit, E-Mails, traurige oder erschreckende Filme, Frustrationen und Ärger, die mit der Familie oder dem Umfeld zu tun haben. Der Ort, an dem Sie schlafen, ist also durch Ihre Emotionen verunreinigt. Vielleicht ist Ihnen aufgefallen, dass Sie manchmal, obwohl gerade alles in Ihrem Leben gut läuft, von düsteren Gedanken geplagt werden, sobald Sie sich ins Bett gelegt haben. Das liegt daran, dass Sie sich im Ruhezustand vorbehaltlos Ihrem Unterbewusstsein und den Energien, die Sie umgeben, hingeben.

Dieses Reinigungsprotokoll wurde mir großzügigerweise vom Geobiologen Vincent Navizet anvertraut, dessen Arbeit darin besteht, mithilfe von Werkzeugen (Lecher-Antenne, Pendel, Rute) durch Erdverwerfung (Brüche der Erdkruste) erzeugte elektrische und magnetische Felder wahrzunehmen.

Protokoll 19
Energetische Bettreinigung

1. Stellen Sie sich auf einer Seite des Bettes aufrecht hin, die Arme sind zu beiden Seiten des Oberkörpers geöffnet, die Handflächen zeigen zum Himmel.
2. Sagen Sie laut: »Mögen alle negativen Energien und Gedanken dieses Platzes in der Erde verschwinden …« Begleiten Sie Ihre Worte, indem Sie kräftig pusten und die Arme zum Boden senken, als ob Sie diese Energie in die Erde werfen würden.
3. Danach: »Wenn noch negative Energien übrig sind, sollen sie von den Erzengeln Gabriel, Michael und Raphael ins Licht gebracht werden.« Begleiten Sie diese Worte, indem Sie die Arme zum Himmel strecken. (Wenn es Ihnen unangenehm ist, die Erzengel zu erwähnen, sagen Sie: »Wenn noch negative Energien übrig sind, sollen sie ins Licht gebracht werden.«)

4. Schließen Sie mit den Worten: »Möge diese hinterlassene Leere mit Liebe und Licht gefüllt werden.« Bedanken Sie sich.

Wenn Sie in einer Wohnung oder in einem mehrstöckigen Haus leben, seien Sie beruhigt: Sie haben diese energetische Verschmutzung nicht in das Bett des Nachbarn geschickt, sondern sie ist direkt in die Erde gegangen, die sie aufgelöst hat.

Führen Sie dieses Protokoll in allen Schlafzimmern in Ihrem Haus durch. Einmal im Monat reicht aus, aber wenn Sie sich mit Ihrem Partner streiten, wenn Sie nach einer schwierigen Nacht müde aufwachen, können Sie es ruhig wiederholen. Sie können es auch in einem Hotel anwenden oder wenn Sie bei Freunden übernachten. Ebenso können Sie dieses Protokoll in allen Räumen Ihres Hauses machen und dem *Hüter des Ortes* danken, dass er Ihnen bei der Reinigung behilflich ist. Und wie bei allen Protokollen, bei denen Sie um Hilfe bitten, sollten Sie daran denken, es mit der nötigen Intention und einem Lächeln auf den Lippen durchzuführen.

19. KAPITEL

Trainieren Sie Ihre Intuition

Wir sind stolz auf unsere überlegene Intelligenz im Vergleich zu Tieren. Doch wenn wir eine Entscheidung treffen müssen, werden wir von Emotionen geplagt und, von Unsicherheit übermannt, taumeln wir wie eine Alge auf dem Meeresgrund, während Tiere schnell und richtig handeln, weil sie ihrem Instinkt folgen. Aber wie kann man eine Wahl treffen, ohne sich zu irren? Wie trifft man die richtige Entscheidung?

HÖREN SIE AUF IHREN KÖRPER

Meine Intuition wurde mir erstmals durch den Kontakt mit der Wildnis bewusst. Ich drehte die Serie *Les Héros de la nature* (*Helden der Natur*) für den Fernsehsender France 3. Mein Ziel war es, Frauen und Männer vorzustellen, die sich für die Rettung bedrohter Tierarten einsetzten. Ich reiste um die Welt, war mal auf einem Eisbrecher in der Nordsee bei den Walen, mal auf dem Amazonas auf der Suche nach Fledermäusen, dann in Lebensgefahr auf Borneo mit dem Ziel, Orang-Utans zu helfen, und in Uganda haben mich die Elefanten dazu gebracht, vor Freude zu weinen. Mit meinem Kameramann filmten wir an einem See eine Gruppe von Flusspferden, als ich intuitiv sagte: »Diese Mutter wird aufstehen und mit ihrem Jungen hinter dem Busch in diese Richtung gehen.« Genau das tat sie dann auch. Das war unglaublich! Geparden, Krokodile, Schnabeltiere – dasselbe Szenario wiederholte sich … Ich kam zu dem Schluss, dass ich es geschafft hatte, mich mit der Tierwelt zu verbinden.

Danach machten mein Mann und ich uns auf den Weg, um für das Magazin *Geo* eine Reportage über unsere schamanische Initiation zu schreiben. Er war für die Fotos zuständig und ich für den Text. Als ich herausfand, dass Kommunikation auch mit den Lehrpflanzen möglich ist, die Schamanen als *Meisterpflanzen* bezeichnen, spürte ich, dass sich meine Verbindung auf der pflanzlichen Ebene entwickelt hatte. Das Erstaunlichste daran war, dass sich diese Intuition fast gegen meinen Willen in meinem Alltag manifestierte.

Durch eine Bemerkung des Produzenten Thierry Berrod wurde mir klar, dass alle Themen, für die ich mich interessierte, einige Monate später in den Nachrichten auftauchten. Beispielsweise las ich eines Tages einen wissenschaftlichen Artikel des deutschen Forschers Hans-Hinrich Kaatz, in dem er nachwies, dass durch eine Bakterie ein Gentransfer von GVO-Rapspflanzen auf Bienen stattgefunden hatte. Sofort sah ich das *Bild* vor mir, dass diese Insekten massenhaft sterben würden. Das motivierte mich, einen futuristischen Roman über dieses Thema zu schreiben, und ich nahm Kontakt zu Forschern aus der Schweiz, Deutschland, den USA und Frankreich auf, um mich zu informieren. Elf Monate später machte das erste weltweite Bienensterben Schlagzeilen. Dank meiner groß angelegten Nachforschungen konnte ich den ersten französischen Film über das Bienensterben drehen und wurde vom CNRS (nationales Forschungszentrum) und dem Naturhistorischen Museum um einen Vortrag gebeten.

Diese Intuitionen traten bei mehreren Gelegenheiten auf. Ich habe zum Beispiel einen Dokumentarfilm über Autismus gedreht, und diese Entwicklungsstörung wurde fünf Monate später zur »großen nationalen Angelegenheit« erklärt. Ebenso schlug ich in einem Artikel Alarm, als in Deutschland der erste Fall der Blauzungenkrankheit beim Schaf auftrat. Acht Monate später waren in Europa 31.000 Betriebe betroffen. Um *Les Blessures du silence* zu schreiben, interessierte ich mich dafür, wie man Mobbing und Manipulation entkommen kann, und drei Monate nachdem ich mein Manuskript meinem Verleger übergeben hatte, kam die Weinstein-Affäre ans Licht. 2016 hatte ich in meinem Kriminalroman *Les Racines du sang* auf das tödliche Risiko einer Paracetamol-Überdosis hingewiesen, und im Juli 2019 schrieb die französische Behörde für Arzneimittelsicherheit vor, dass auf allen Medikamentenpackungen, die diesen Wirkstoff enthalten, eine entsprechende Warnmeldung erscheinen muss …

Ich habe also mit der Zeit meine Intuition entwickelt, indem ich mich mit *etwas Größerem als mir selbst* verbinde. Wenn ich nun den Verstand mit seinen Ängsten und Fantasien ausschalte, ist die einzige Gemeinsamkeit zwischen all diesen

Erfahrungen mein Körper. Dieser Körper, der tagein, tagaus zu uns *spricht*, indem er erschauert, Gurgelgeräusche macht, sich verkrampft. Er sagt uns, dass wir Hunger, Durst, Müdigkeit, Lust oder Ekel verspüren, oder sogar, ob wir einer Person trauen können oder nicht – obwohl wir ihr zum ersten Mal begegnen. Durch ihn habe ich mich mit diesem universellen Ganzen verbunden, das uns alle miteinander verbindet.

IHRE INNERE STIMME

Um zu lernen, auf diese innere Stimme zu hören, die es gut mit Ihnen meint, schlage ich Ihnen ein sehr einfaches Protokoll vor. Es muss schnell durchgeführt werden, damit Ihr Gehirn nicht dazwischenfunkt und den Vorgang behindert.

Protokoll 20
Intuition entwickeln

1. Setzen Sie sich gerade hin, ohne die Beine zu überkreuzen, und entspannen Sie sich.
2. Denken Sie an eine Situation, in der Sie eine Entscheidung zwischen zwei Möglichkeiten treffen müssen, und sprechen Sie diese aus. Zum Beispiel: »Ich kaufe mir ein Fahrrad. / Ich warte darauf, dass es mir jemand schenkt.«, »Ich bestelle heute dieses schöne Kleid. / Ich warte auf den Schlussver-

kauf.«, »Ich gehe mit X ins Kino. / Ich gehe mit Y ins Kino.«, »Ich nehme einen Kredit bei der Bank auf. / Ich schließe mich mit Soundso zusammen.«, »Ich sage das meinem Chef. / Ich sage es ihm nicht.« …

3. Schließen Sie die Augen, und denken Sie an die erste Option. Beobachten Sie, ohne nachzudenken, was in Ihrem Körper **auf physischer Ebene** passiert. Spannen sich Ihre Kiefer an, krümmen sich Ihre Füße, beugt sich Ihr Oberkörper nach vorne, beschleunigt sich Ihr Puls? Oder sind Sie im Gegenteil entspannt, locker, ohne jegliche Verspannung? Wie ist Ihr Herzschlag?
4. Gleich nach diesem kurzen *Body-Scan* (zehn bis fünfzehn Sekunden reichen aus) sprechen Sie die zweite Möglichkeit aus. Denken Sie nicht nach, und beobachten Sie, was in Ihrem Körper passiert. Konzentrieren Sie sich auf Ihre Empfindungen.
5. Vergleichen Sie das erste und das zweite Gefühl. Welches war angenehmer? Achtung, wenn Sie sich sagen: »Ich habe mich traurig/fröhlich gefühlt; habe ich ein Licht gesehen oder nicht?« Hier spricht der Verstand. Wichtig ist, dass Sie schnell vorgehen, damit Sie »Zuschauer« Ihrer körperlichen Empfindungen bleiben.

Wenn Sie diese Übung zum ersten Mal durchführen, sind Ihre Empfindungen vielleicht so unmerklich, dass sich ein Zweifel in Ihnen einschleichen kann. Auch wenn der Unterschied nur winzig ist, vertrauen Sie sich! Bei den nächsten Malen werden die Wahrnehmungen immer deutlicher. Beachten Sie, dass jede Empfindung individuell ist. Ein Kribbeln kann von einer Person als unangenehm und von einer anderen als positiv empfunden werden.

Je öfter Sie dieses Ritual praktizieren, desto deutlicher werden Ihre Wahrnehmungen. Ich wende es sogar in der U-Bahn an: Wenn ich zwischen zwei Handlungen schwanke, schließe ich die Augen und denke zehn Sekunden lang über die erste Option nach, zehn Sekunden lang über die zweite. Ich bin es gewohnt, auf meinen Körper zu hören, ich weiß, wie er sich ausdrückt. Wenn meine Schultern hängen oder sich aufrichten, zeigen sie mir den Weg, den ich einschlagen muss. Vertrauen Sie auf Ihren Körper, wenn Sie sich in einer schwierigen Situation befinden, er ist Ihr bester Verbündeter.

Zögern Sie nicht, sich Notizen über Ihre Empfindungen zu machen, um zu lernen, sie wiederzuerkennen. Bei manchen Menschen wird ein »Ja« als Gänsehaut am Arm angedeutet, während bei anderen ein »Nein« durch einen verspannten Kiefer oder einen erhöhten Herzschlag angezeigt wird. Wenn Sie nichts spüren oder der Unterschied zwischen den beiden Optionen nicht klar ist, kann das bedeuten:

- dass es möglicherweise eine dritte Option gibt, an die Sie nicht gedacht haben.
- dass keine der beiden Optionen infrage kommt.
- dass das Erkennen von Unterschieden schwierig ist. Die Bezugnahme auf Ihren Körper ist eine neue Technik, und Sie brauchen mehr Übung.

Manchmal kann man überrascht werden! In einem meiner Workshops habe ich diese Übung vorgeschlagen. Jeder wählte eine Fragestellung und zwei Auswahlmöglichkeiten. Manche teilen dann ihre Erfahrungen mit der Gruppe. Eine Mutter erzählte, dass ihr Verstand auf die Frage »Soll ich meiner siebzehnjährigen Tochter erlauben, am Samstagabend auszugehen?« mit »Nein« antwortete, während ihr *Körper* ein klares »Ja« ausdrückte. Am besagten Samstag ging ihre Tochter also auf die Party, aber um 23 Uhr spürte die Mutter, wie sich ihr Körper grundlos anspannte. Sie machte sich Sorgen und versuchte, ihre Tochter zu erreichen, aber ohne Erfolg. Sie stieg in ihr Auto, und als sie am Ort der Party ankam, wurde ihre Tochter gerade von zwei Freundinnen getragen, sie war kaum noch bei Bewusstsein: Sie hatte irgendeine Droge eingenommen. Sie brachte sie sofort in die Notaufnahme, und nachdem man ihr den Magen ausgepumpt hatte, kam alles wieder in Ordnung. Das Interessanteste kam noch: Die Mutter erzählte mir, dass sie bei der Geburt ihrer Tochter fast gestorben wäre und nur wegen der Anwesenheit des Babys wieder ins Leben zurückgekehrt war. Das Problem war, dass das Kind all die Jahre die Haltung einer Person hatte, der man alles verdankte. »Seit ich sie *gerettet* habe, sind wir wieder Mutter und Tochter. Seit einem Monat ist unser Familienleben großartig, und das verdanke ich meinem Körper!« Mutter und Tochter brauchten also diese Prüfung, um ihre Beziehung wieder ins Gleichgewicht zu bringen.

- *Auch wenn Ihnen das Ergebnis Ihrer Empfindungen seltsam vorkommt, vertrauen Sie Ihrem Körper.*
- *Ihre kleine innere Stimme ist in Wirklichkeit die Stimme Ihres Geistführers. Wenn Sie sich wieder den Energien in Ihnen öffnen, öffnen Sie sich auch für das, was Sie mit den Ihnen nahestehenden Menschen verbindet, und noch für einiges mehr.*

20. KAPITEL

Verbrennungen behandeln

In manchen Familien war es nicht ungewöhnlich, eine Großtante oder Großmutter zu haben, die Verbrennungen heilte. Der Heilspruch wurde in der Regel kurz vor dem Tod weitergegeben. Es war ein Geheimnis, das dem feinfühligsten Kind offenbart wurde. Ich bin der Meinung, dass es an der Zeit ist, diese Methoden mit möglichst vielen Menschen zu teilen. Es kann Leben retten, warum sollten einige davon profitieren und andere nicht? Es ist auch nicht notwendig, eine besondere Gabe zu haben. Natürlich wird nicht jeder in der Lage sein, einer Person mit Verbrennungen dritten Grades in einer Fernbehandlung zu helfen, aber die Auswirkungen einer leichten Verbrennung bei uns selbst oder bei anderen zu lindern, ist für jeden möglich. Und vor allem: Je mehr wir üben, desto besser werden wir! Wichtig ist, dass wir unsere diesbezüglichen Zweifel beiseiteschieben.

Die sogenannten *coupeurs de feu* (wortwörtlich »Feuer-Abschneider«) sind Gebetsheiler, die in ihrem örtlichen Umfeld bekannt sind und weiterempfohlen werden. Ich denke dabei gleich an einen meiner Freunde, René Blanc, einen ehemaligen Hauptmann der Feuerwehr von Thonon-les-Bains. Als er in den Ruhestand ging, kämpfte er weiter gegen das Feuer, indem er **Verbrennungen** linderte. Dazu zählten auch solche, die durch Gürtelrose oder **Ekzeme** verursacht wurden. Am häufigsten jedoch linderte er Verbrennungen, die durch Strahlentherapie bei der Behandlung von **Krebs** entstanden waren. Die Radioonkologie-Abteilung des Krankenhauses in Lausanne bot den Patienten regelmäßig seine Hilfe an. Er war sehr gefragt, erhielt täglich etwa vierzig Anfragen und praktizierte ausschließlich per Telefon. Er sprach ein Gebet, und der Schmerz des Patienten wurde sofort gelindert.

Es wurden mehrere Studien durchgeführt, um die Mechanismen zu verstehen, die hier am Werk sind, aber eine wissenschaftliche Erklärung gibt es dafür noch nicht. Es handelt sich nicht um ein psychologisches Phänomen oder einen Placeboeffekt, denn es wurde beobachtet, dass auch Babys mit schweren Verbrennungen aufhörten zu weinen, sobald ein Feuer-Heiler eingriff. Dasselbe Ergebnis wurde bei Tieren beobachtet, die definitiv nicht wussten, dass auf sie *eingewirkt* wurde. Und man kann auch nicht von einer Energieübertragung ausgehen, da diese Gebete sofort nach dem Aussprechen Erleichterung verschaffen, selbst wenn der Brandverletzte 6000 Kilometer vom Feuer-Heiler entfernt ist.

David Servan-Schreiber, der Arzt und Neuropsychiater war und in einem unserer Filme[12] zu Wort kam, äußerte sich folgendermaßen zu diesem Thema: »Ich habe Krebspatienten kennengelernt, denen ihr Strahlentherapeut sagte: ›Angesichts der schweren Nebenwirkungen und insbesondere der Verbrennungen der Epidermis bitte ich Sie, einen Feuer-Heiler aufzusuchen.‹ Das wirft wichtige Fragen auf, denn Feuer zu heilen hat keine wissenschaftliche oder rationale Grundlage. Niemand versteht, wie diese Heilsprüche, die etwas magisch klingen und oft auf Lateinisch sind, Verbrennungen der Epidermis lindern können, die eine Reaktion auf die aggressive Strahlentherapie sind. Was ich aber letztendlich faszinierend finde, ist der Vertrag, den man mit einem Arzt hat: Wenn Sie zu mir kommen, was erwarten Sie dann von mir? Sie erwarten, dass ich Ihnen etwas empfehle, von dem ich allen Grund zu der Annahme habe, dass es Ihnen guttun wird, und ebenfalls allen Grund zu der Annahme, dass es Ihnen nicht schaden kann. In diesem Vertrag steht nirgends, dass ich wissen muss, wie es funktioniert. Aber ich muss sicher sein, dass es Ihnen mehr nützt als schadet. Dieser Strahlentherapeut hat also das Wichtigste verstanden. Wenn die Heilformeln den Patienten helfen und es keine Nebenwirkungen oder Nachteile gibt, dann ist das die beste Medizin, die man sich vorstellen kann. Und es ist die rationalste Medizin. Ich weiß nicht, ob sie wissenschaftlich ist, aber sie ist sicherlich die rationalste, die intelligenteste, die logischste, und das ist genau die Art von Medizin, die jeder von seinem Arzt erwartet.«

Alle Gesundheitsfachleute, die sich die Mühe gemacht haben, die Methoden zu vergleichen, sind sich in einem Punkt einig: Brandwunden, die von einem Feuer-Heiler behandelt wurden, weisen ein weitaus besseres Aussehen und eine bessere Wundheilung auf als jede medizinische Behandlung. Es ist wichtig, dies zu betonen.

Lernen also auch Sie, wie man Verbrennungen heilt. Ich schlage Ihnen vor, der Methode zu folgen, die mein Großvater Raoul, ein Magnetiseur und Feuer-Heiler, überliefert hat. Er hat mir das folgende Ritual anvertraut, wofür ich ihm herzlich danken möchte. Und denken Sie daran: Wie bei allen anderen Protokollen zählt nur die Kraft der Intention.

Protokoll 21
Den Brand löschen

1. Flüstern Sie oder, wenn Sie möchten, sagen Sie laut folgende Worte: »Am Matthäusbrunnen waren drei Räuber, die den lieben Gott verbrennen wollten. Der heilige Matthäus sagte zu ihnen, verbrennt nicht den lieben Gott, sondern verbrennt mich an seiner Stelle. Er legte sich in die Ofenöffnung und das Feuer erlosch.«
2. Blasen Sie kalte Luft (mit zusammengepressten und geschürzten Lippen, sonst ist die Luft heiß) auf die Brandwunde und formen Sie dabei mit Ihrem Atem ein Kreuzzeichen. Bei einer Fernbehandlung blasen Sie die kalte Luft mit der Absicht aus, dass Sie auf die Verbrennung der betreffenden Person einwirken.
3. Wiederholen Sie das Ganze (Sprechen und Blasen) dreimal.

Der Heiler Pierre Yonas hat sich bereit erklärt, mir den von ihm verwendeten Heilspruch zu nennen, und ich danke ihm dafür. Noch einmal, sprechen Sie ihn mit der Gewissheit aus, dass Sie es schaffen werden, das heißt mit dem »Glauben an sich selbst«: »Feuer, ich lösche dich, du hast keinen Platz mehr im Körper von … Das Übel kommt weg, und das Heil kommt rein.«

Wenn Sie eines Tages eine Brandwunde heilen wollen, wählen Sie das Protokoll, das Sie am meisten *anspricht*. Sie werden sehen, dass es funktioniert. Ich habe viele Erfahrungsberichte erhalten, die die Wirksamkeit des Protokolls belegen. Eines Tages gab ich während eines Interviews für INREES das Protokoll 21 preis, das von meinem Großvater überliefert worden war. Kurz danach erhielt ich einen Leserbrief von Emmanuelle: »Vielen Dank Ihnen und Ihrem Großvater für dieses wertvolle Geschenk. Ich habe mich beim Grillen verbrannt und das Gebet getestet, um meine Schmerzen zu lindern. Der *Brand* hörte sofort auf, und ich bekam keine Blasen!«

Nach ein paar Wochen schrieb mir eine Mutter, dass sie ihren neunjährigen Sohn mithilfe dieses Heilspruchs von Verbrennungen befreit hatte. Ich erhielt auch einen Bericht von einem Mann, der es bei seinem Hund mit atopischer Dermatitis angewendet hatte: Das Tier hörte auf, sich zu kratzen. Heute berichten mir nach jedem meiner Vorträge mehrere Personen, dass sie mithilfe dieses Protokolls den *Brand* verschiedener Verbrennungen *gelöscht* haben. Ich hatte es geahnt, stellte aber dennoch mit Freuden fest, dass das Protokoll wirkte, obwohl sie es nie von einem *Vorfahren* erhalten hatten.

21. KAPITEL

Leben nach dem Tod

Der Tod wirft viele Fragen auf. Er ist zweifellos das größte Mysterium unseres Lebens. Angesichts des Verlusts eines nahestehenden Menschen fühlt man sich am Boden zerstört. Ich wurde oft gefragt: »Wie kann man auch nur für eine Sekunde an das Wohlwollen des Universums glauben, wenn man gerade ein Kind, einen Elternteil oder einen Ehepartner verloren hat?« Natürlich erscheint dies unvorstellbar. Wie können wir wieder zu innerem Frieden zurückfinden, wenn uns der Tod jede Form von Unbeschwertheit genommen hat?

TRAUER

Wenn ein geliebter Mensch stirbt, beginnt ein Trauerprozess, ohne dass man sich dessen bewusst ist. Für Christophe Fauré[13], einen Psychiater, den ich interviewt habe, besteht dieser aus vier Phasen:

1. **Schockstarre:** Wir realisieren nicht, was geschieht, weil es zu brutal und schmerzhaft ist. Man ist emotional *betäubt.* In dieser Phase kann es uns gelingen, bestimmte Dinge *mechanisch* zu erledigen (zum Beispiel die Beerdigung eines geliebten Menschen zu organisieren, ohne eine Träne zu vergießen, bevor wir danach zusammenbrechen). Diese Phase kann einige Stunden oder Tage dauern.
2. **Die verzweifelte Suche nach Verbindung:** Wir versuchen, den Kontakt mit dem Verstorbenen über Gerüche (sein Parfüm, ein Kuscheltier, das man nicht wäscht), Gegenstände, Kleidung und anderes wiederherzustellen. Wir hängen Fotos auf, behalten eines immer bei uns, hören seine Mailbox ab, um seine Stimme zu hören … Dieser Prozess dauert acht bis zehn Monate.
3. **Strukturverlust:** In dieser Zeit begreifen wir die Unwiderruflichkeit des Todes. Wir vermissen die verstorbene Person immer mehr. Wir geraten in Panik, da wir das Gefühl haben, dass es uns trotz der vergehenden Zeit immer schlechter geht. Entgegen dem Anschein ist diese Phase normal und notwendig. Sie zeigt, dass wir in unserem Trauerprozess *vorankommen.* Diese Phase ist die schwerste, weil sie am längsten dauert (sie kann sich über mehrere Jahre erstrecken), und sie kann ein Gefühl der Hoffnungslosigkeit hervorrufen, dass *unser Leben jetzt nur noch so sein wird.* Doch langsam entfaltet sich der Prozess weiter in Richtung der vierten Phase.
4. **Beruhigung:** In dieser Phase geht es um unsere Verbindung zur verstorbenen Person. Wir erlauben uns, nicht

jeden Tag an sie zu denken. Wir *spüren*, dass sie wie etwas Zartes und Zeitloses in uns ist. Wir nehmen es den anderen weniger übel, dass sie nicht verstehen, was wir gerade durchmachen. Nach und nach erobern wir die Welt zurück, akzeptieren, dass wir leben, und ziehen neue Zukunftspläne in Betracht. Eine Art innerer Frieden breitet sich in uns aus. Wir fühlen uns für immer verändert, und außerdem *wird nichts mehr so sein, wie es vorher war*. Einiges wurde in Mitleidenschaft gezogen (die Sorglosigkeit), aber andere, positive Dinge, die wir uns nicht vorstellen konnten, sind aufgetaucht: eine Öffnung gegenüber sich selbst, gegenüber anderen und manchmal sogar gegenüber der Art und Weise, wie man das Leben betrachtet.

- *Erst dann sind wir in der Lage, den Tod dieses nahestehenden Menschen auf andere Weise zu betrachten. Medien sagen, dass ein Kind oder ein Erwachsener, der vor seinen Eltern stirbt, eine Seele ist, die sich genau dafür entschieden hat, um den Hinterbliebenen zu ermöglichen, auf andere Weise voranzukommen – manchmal über mehrere Generationen hinweg. Es ist also weder unsere Schuld noch die Schuld eines anderen, und schon gar nicht ist schlechtes Karma oder Pech im Spiel. Wenn wir diesen ungeheuerlichen Verlust als einen Dienst betrachten, den unser Verstorbener uns erwiesen hat, um die Zukunft anders zu sehen, würdigen wir seine Seele. Das größte Geschenk, das wir ihm im Gegenzug machen können, ist, uns die Frage zu stellen: Wie kann ich mich selbst verändern, um im Leben voranzukommen? Was kann ich tun, worüber er sich freuen würde? Welches Gedankensystem verdient es, sich in mir weiterzuentwickeln?*

EIN LEBEN NACH DEM TOD?

Manche Menschen sind davon überzeugt, dass es ein Leben nach dem Tod und ein Jenseits gibt. Für andere ist das undenkbar. Diejenigen dieser zweifelnden Gruppe aber, die sich mit der Frage nach einem Jenseits befasst haben, sind zu dem Schluss gekommen, dass sie ein Weiterleben des Bewusstseins zumindest in Betracht ziehen müssen. Es gibt so viele Berichte, in denen Verstorbene den Hinterbliebenen ein *Zeichen* geschickt haben oder in denen ein Medium Informationen über Vorgänge nach einem Todesfall geben konnte, dass diese Phänomene nicht zu einer Glaubensfrage reduziert werden können. Mein Mann, Stéphane Allix, Journalist und ehemaliger Kriegsreporter, hat zu diesem Thema das Buch *Das Experiment: Ein Skeptiker auf der Suche nach Beweisen für ein Leben nach dem Tod*[14] geschrieben, eine Art Test, in dem er sechs Medien anbot, mit seinem verstorbenen Vater in Kontakt zu treten. Bei dieser Gelegenheit bat er sie, die fünf Gegenstände zu beschreiben, die er in seinem Sarg versteckt hatte. Die Ergebnisse waren außergewöhnlich, und selbst die größten Skeptiker gaben sich geschlagen.

Der Kardiologe Dr. Pim van Lommel schrieb in der wissenschaftlichen Zeitschrift *The Lancet* anlässlich einer Studie über Nahtoderfahrungen (NTE): »Wir sollten endlich in Betracht ziehen, dass der Tod genauso wie die Geburt den Übergang von einem Bewusstseinszustand in einen anderen ermöglicht.« Der Körper ist das Gefäß unseres Bewusstseins, und dieses setzt seinen Weg nach dem Tod fort. Unsere verlorenen Liebsten existieren anderswo, ohne ihre körperliche Hülle.

Um unserem geliebten Verstorbenen die Möglichkeit zu geben, sich weiterzuentwickeln, sollten wir aufhören, um ihn zu trauern, und ihm nicht vorwerfen, dass er uns *verlassen* hat. Wir müssen begreifen, dass *seine Zeit gekommen war*. Übrigens nehmen manche Menschen einige Zeit vor ihrem Tod wahr, dass sie sterben werden. Meine Schwester hatte meiner Mutter gesagt, dass sie sicher sei, jung zu sterben. Als wir gemeinsam in Afghanistan waren, hatte uns Thomas, der Bruder von Stéphane, anvertraut, dass er es kaum erwarten könne, dreißig Jahre alt zu werden, weil er dann endlich leben würde. Meistens verstehen wir diese Allegorien erst im Nachhinein. Stéphanes Vater sagte mehrere Monate vor seinem Tod (als er nicht krank war), dass er das nächste Weihnachtsfest nicht mehr erleben werde. Das Kind eines befreundeten Ingenieurs zeichnete sich selbst einige Tage vor seinem Tod mit dem roten Legostein im Hals, den es aus Versehen verschlucken und der seinen Tod verursachen würde. Mit anderen Worten: Unsere Seele *weiß* es.

Den Sinn des Todes zu verstehen ist nicht leicht, es ist die härteste Prüfung überhaupt. Doch eines Tages wird es offensichtlich. Mehr noch: Mit dem Tod konfrontiert zu werden, verändert uns tiefgehend. Als meine Schwester starb, wurde die Dringlichkeit, an mir zu arbeiten, deutlich. Erst durch ihren

Tod fand ich die Kraft zur Vergebung. Ich verdanke ihr meine Verwandlung und die Entfaltung meiner Flügel. Wie viele Menschen haben nach einem Trauerfall ihr Leben radikal verändert?

Meine Mutter war 74 Jahre alt, als sich die Augen ihrer Tochter für immer schlossen. Sie war am Boden zerstört, zumal sie eine symbiotische Beziehung hatten. Sie durchlebte die vier Phasen, die der Psychiater Christophe Fauré beschrieben hat. Die dritte Phase, in der man das Gefühl hat, dass es einem immer schlechter geht, war besonders hart für sie. Dann, eines Tages, erlaubte sie sich, wieder zu arbeiten. Aber auf andere Weise. Bei kleinen Aufträgen brachte sie angehenden Sozialarbeitern mithilfe von Märchen und Handpuppen die Mediation bei. Nun stellte sie erstaunt fest, dass ihre Worte die Menschen, die sie ausbildete, heilten. Sie befreiten sich mithilfe von ein paar Stoffstücken von einem Trauma. Sie wussten zwar nichts von ihrer Trauer, konnten aber unterbewusst in ihren Augen und ihrer Gestik wahrnehmen, dass ihre Seele heilte und sich wandelte. Sie strahlte nun die große Hoffnung aus, dass man die allerschlimmsten Prüfungen überstehen und wieder ins Leben finden kann. Und heute, mit achtzig Jahren, wird sie immer noch um Hilfe gebeten. Ihre Schüler verehren sie. Sie und mein Vater haben sich ihre Neugierde erhalten und fahren mit dem Auto durch Frankreich, um die Wunder der Architektur oder der Natur zu entdecken. Was für eine Kraft, was für eine Stärke, wieder ins Leben gefunden zu haben!

- *Die Suche nach dem verborgenen Sinn des Todes ist eine Hommage an unseren lieben Verstorbenen, die beste Art, dafür zu sorgen, dass er nicht umsonst gestorben ist.*

Denjenigen, die viele nahestehende Personen verloren haben und eine besonders schwere Last tragen müssen, möchte ich folgendes Bild vorschlagen: Zwei Menschen gehen auf den Dorfmarkt. Einer von ihnen ist ein Athlet, der andere ein kleiner Junge. Sie machen ihre Einkäufe. Am Ende wird alles in einem einzigen Korb verstaut, der zwölf Kilogramm wiegt. Wer wird die Einkäufe tragen? Der Athlet natürlich. Man gibt die Last demjenigen, der die Fähigkeit hat, sie zu tragen. Diese kleine Geschichte zeigt, dass wir die Kraft haben, diese Prüfungen zu durchleben, uns wieder aufzurichten und zu heilen.

Wenn Sie jedoch von Ihren Gefühlen überwältigt werden, brauchen Sie wahrscheinlich Hilfe. Zögern Sie nicht, Ihren Geistführer um Hilfe zu bitten, indem Sie ihm beispielsweise sagen: »Was ich durchmache, ist sehr schwer, bitte gib mir die Kraft, voranzukommen und den Sinn dieses Todes zu verstehen.«

Ich bin mir mittlerweile absolut sicher, dass die Seele weiterlebt. Meine Schwester ist an meiner Seite, wenn ich an sie denke. Unsere Verstorbenen hören unsere Gedanken und fühlen unsere Emotionen, die sie betreffen. Lassen Sie uns ein letztes Ritual durchführen, um uns davon zu überzeugen.

Protokoll 22
Sich mit einer verstorbenen nahestehenden Person verbinden

1. Denken Sie intensiv an die Person.
2. Sagen Sie ihr laut, dass Sie sie lieben.
3. Konzentrieren Sie Ihre Aufmerksamkeit auf Ihr Herz. Ein Gefühl der Fülle und Freude durchströmt Sie. Ihr Verstorbener ist an Ihrer Seite, um Sie zu beruhigen. Diese Berührung ist eine Wiederverbindung auf einer feinstofflichen Ebene.

Es kommt der Tag, an dem der Verlust des geliebten Menschen uns nicht mehr zum Weinen bringt. Dann erkennen wir, dass er in jedem Augenblick des Lebens bei uns ist, sobald wir an ihn denken. Er lebt für immer in unserem Herzen.

22. KAPITEL

Ein Upgrade für Ihr Leben

LEBEN SIE IHR LEBEN

Einer Eidechse dabei zuzusehen, wie sie sich häutet, ist lehrreich. Sie geht schrittweise und langsam vor, und wenn sie sich von ihrer alten Haut befreit hat, setzt sie sich mit mehr Energie in Bewegung und entfaltet ihre neuen Kräfte. Durch dieses Bild wurde mir klar, dass ich meine alte Körperhülle ablegen musste, um alle energetischen Veränderungen, die in meinem Bewusstsein und meiner Seele stattgefunden hatten, zu integrieren. Ich musste diese zu enge Haut, die Angst, Traurigkeit und Wut erlebt hatte, einfach zurücklassen. Aber wie sollte ich das tun? Ich beschloss, mich wie die Eidechse in Bewegung zu setzen. Und was könnte symbolischer sein als eine Wanderung, um diesen Weg zur Heilung abzuschließen? Ich entschied mich schnell für den Startpunkt und das Ziel: Bordeaux – Lourdes zu Fuß. Eine Hommage an meine Großmutter, die jedes Jahr mit dem Zug dorthin fuhr. Ich würde also 309 Kilometer allein zurücklegen. Ich würde in den zu dieser Jahreszeit geöffneten

Herbergen übernachten und zwei Wochen unterwegs sein. Ich wählte den September wegen seines milden Wetters. Der Südwesten ist für seinen Altweibersommer bekannt, wenn sich die stechende Sonne in ein Streicheln verwandelt. Einen Monat lang ging ich jeden Tag wandern, um mich vorzubereiten.

Dann endlich der große Tag. Nach 21 Kilometern im strömenden Regen erreichte ich ein Gästehaus, und die Sonne ließ sich endlich blicken. Die fünfjährige Adele schlug mir vor, Feigen zu pflücken. Sie waren herrlich. Ihre Mutter sagte mir, dass das nächste Restaurant drei Kilometer entfernt sei, und als sie sah, wie sich meine Augen vor Schreck weiteten (ich war nicht in der Lage, meine nassen Schuhe wieder anzuziehen), lieh sie mir ihr Auto. Ich konnte ihre Großzügigkeit kaum fassen. Am nächsten Morgen erzählte ich der Putzfrau Marie-José von meinem Interesse an allem, was *unsichtbar* ist. »Das interessiert mich auch«, sagte sie. »Mein Mann ist übrigens hellsichtig. Er kann Verstorbene sehen und hören.« Sie erzählte, dass ihr Sohn Raphael im Alter von vier Jahren nachts schrie, weil er in einer Ecke seines Zimmers einen Mann *sah*. Eines Tages erkannte er im Fotoalbum seiner Großmutter das Gesicht dieses *Schattens* wieder. Es handelte sich um einen vor langer Zeit verstorbenen Großonkel mit dem Namen … Raphael. Sein Vater erklärte ihm, dass der Großonkel zu ihm kam, um ihm dafür zu danken, dass er seinen Namen trug, und dass er ihn beschützte. Das Kind hörte auf, Angst zu haben. Dann erzählte sie mir folgende erstaunliche Anekdote: Mit fünfzehn war ihr Sohn Fußballtorwart. Seine Mannschaft traf auf die Mannschaft aus Barcelona, und sie mussten unbedingt gewinnen, um in der Tabelle aufzusteigen. Ein Elfmeterschießen sollte über das Unentschieden entscheiden. Der Ausgang des Spiels lag nun auf Raphaels Schultern. Plötzlich hört er eine Stimme: »Oben links.« Er warf sich in diese Richtung und stoppte den gegnerischen Ball. Er war überzeugt, dass sein Vater mit ihm gesprochen hatte, entdeckte ihn aber auf der Tribüne! Und das Flüstern ging weiter: »Unten rechts.« Da begriff er, dass es sein verstorbener Onkel war. Er folgte genau den Anweisungen des *alten* Raphael und gewann das Spiel! Der Großonkel war der Geistführer des Kindes, und wenn es ihn in schwierigen Zeiten um Hilfe bat, würde es auch weiterhin Hilfe erhalten.

Nach zwei Tagen im Regen kam ich in Bazas an. Im Gespräch mit dem netten Paar, bei dem ich wohnte, erzählte mir der Ehemann, dass ihre zweieinhalbjährige Tochter Eleanor ihnen ständig anwesende Menschen zeigte, die sie nicht sehen konnten. Ich erzählte ihnen die Geschichte von Raphael gegen die Mannschaft aus Barcelona, und sie starrten mich überrascht an. Genau vor einem Jahr hatten sie in Barcelona gelebt! Das Unglaubliche war, dass ihre Tochter zu dieser Zeit nie lächelte, außer wenn sie ihr Zimmer betrat und in eine Ecke schaute. Als sie sie befragten, fanden sie heraus, dass sie ihre verstorbene Großmutter sah, die ebenfalls … Eleanor hieß.

Diese Reise erschien mir wie eine Art Bilanz. Das Leben machte sich einen Spaß daraus, mir die Bedeutung von Vornamen und unsere offensichtlichen Verbindungen zu unseren Vorfahren zu zeigen. Erstaunt über die Ähnlichkeit dieser Geschichten fühlte ich mich wie der unsichtbare Faden, der diese beiden Familien durch Barcelona und diese medialen Kinder verband.

Es hatte die ganze Nacht geregnet, das Gras und die Erde waren mit Wasser vollgesogen. Ich wanderte mit dem Gefühl, ein Schwamm zu sein. Plötzlich sprang ein Reh in Panik zehn Meter von mir entfernt auf den Weg und flüchtete weiter, dicht gefolgt von einem Rudel Hunde. Drei Männer mit Gewehren kamen aus dem Wald, und mir wurde klar, dass heute die Jagdsaison begann. Aus Mitleid mit dem Tier und aus Angst vor einer verirrten Kugel sang ich nun lauthals beim Gehen. Wenn ich das gewusst hätte, hätte ich mein Repertoire überarbeitet. Ich brüllte mir gerade France Gall von der Seele: »*Si maman si, maman si tu voyais ma vie. Je pleure comme je ris …*« (»Wenn, Mama, wenn, Mama, wenn du mein Leben sehen würdest. Ich weine, wie ich lache …«), als ich zwei verblüfften Jägern begegnete. Ich zuckte mit den Schultern und sagte: »Ich weiß, *falsch singen wird Regen bringen*, aber es hat schon vorher geregnet.«

Ich kam ziemlich genervt in Bourriot-Bergonce an, mit dem Gefühl, eine Beute auf Bewährung zu sein. Ich hatte es satt, bei jedem Gewehrschuss zusammenzuzucken. Es war 15 Uhr, als ich den Besitzer des Gästehauses anrief, weil ich die Adresse nicht fand. Er wimmelte mich ab und sagte, ich solle zwei Stunden später wiederkommen. Ich sank erschöpft zu Boden und meine Hose saugte sich mit Wasser voll. Die Sonne hatte Mitleid und zeigte sich endlich. Ich war müde, nass, und wütend nach der Angst im Wald, und dieser Mann hatte soeben die gesamte Energie, die ich ausstrahlte, wie einen Bumerang auf mich zurückgeworfen und damit einmal mehr bewiesen, wie wichtig unsere Gedanken sind. Das würde ich am nächsten Tag verstehen, wenn es mir besser ging, aber im Moment dachte ich mir, dass es meinem Gastgeber – dessen gottverlassene Herberge dank der Wanderer gut lief – an Manieren mangelte.

Als ich am Straßenrand saß und den Sockensaft aus meinen *Schwämmen* der Größe 40 wrang, sah ich einen Mann mit einem großen Rucksack auf mich zukommen. Bernard war Rentner, 65 Jahre alt und jede seiner Etappen war 42 Kilometer lang! Wir übernachteten in der gleichen Herberge. Während er mit mir wartete, erzählte er mir, dass er heute Morgen in ein Loch getreten war, das er nicht gesehen hatte, und seitdem hatte er beginnende **Ischias-Schmerzen**. Ich fragte ihn, woran er beim Gehen gedacht hatte, als das passiert war. Nach einigem Nachdenken gab er zu, dass er auf zwei Holländer wütend war, die am Vorabend weder mit ihm essen noch sich mit ihm unterhalten wollten, obwohl sie Französisch sprachen. Ich nannte ihm die fünf Seelenwunden und fragte ihn, welche am meisten auf das Erlebte zutraf, Die Ablehnung, sagte er. Ich erklärte ihm das Wohlwollen des Universums, dass seine Seele diese Wunde gewählt hatte und dass er Menschen und Situationen anzog, um sich selbst eine Chance zu geben, davon geheilt zu werden. Das sprach ihn an. Ich schlug ihm vor, den Holländern und dem Loch im Weg zu danken und zu versuchen, die *ursprüngliche* Ablehnung aus seiner frühen Kindheit zu finden, um dann die schmerzhafte Bindung zu seinem Vater oder seiner Mutter zu reinigen. »So einfach hat mir noch nie jemand die Dinge erklärt«, sagte er mir. Am nächsten Tag wanderte er schmerzfrei weiter, nachdem er so gut geschlafen hatte wie seit Langem nicht mehr.

Die ältere Dame, die mich am Ende der nächsten Etappe empfing, bot mir einen Pfirsich-Armagnac als Aperitif an, um mir *die Feuchtigkeit zu entziehen*, und schon bald ging unser Gespräch in Richtung des Unsichtbaren. Als sie und ihr Mann dieses Haus erwarben, unterhielten sie sich darüber, dass die Scheune nicht an der richtigen Stelle gebaut worden war. Sieben Tage später schlug während eines schweren Gewitters ein Blitz in ebenjenes Gebäude ein, das vollständig niederbrannte. »Dank der Versicherung konnten wir sie an einem anderen Platz wiederaufbauen. Ich dachte immer, dass ein wohlwollender Geist unsere Worte gehört hatte und dass der Blitz absichtlich eingeschlagen hat. Es ging alles so schnell«, sagte sie mir. Während ich ihr zuhörte, dachte ich an den *Hüter* ihres Hauses, der sich über ihre freundliche Anwesenheit freute und prompt ihren Wunsch erfüllt hatte. Dann fragte ich mich: Was soll ich von dem Regen halten, der ohne Unterbrechung meine Wanderung begleitet? Der einzige Nutzen, den ich daraus ziehe, ist ein erhöhter Bekanntheitsgrad, weil ich auf meiner Facebook-Seite ein Foto von mir in drei gelben Müllsäcken gepostet habe – mein Regenschutz hat den Geist aufgegeben – und dazu erkläre, dass dies der nächste Herbst-und-Winter-Trend sei.

In der Gemeinschaftsunterkunft in Eauze lernte ich Isabelle, eine Französin, und Christopher und Maria, Deutsche aus Hamburg, kennen. Wegen der vielen Anrufe, die ich erhielt, errieten sie, dass ich Geburtstag hatte. Das Paar bereitete zur Feier einen Eintopf vor. Ich war froh, dass ich nicht mehr allein war, und stornierte schnell den Tisch, den ich im Feinschmeckerrestaurant um die Ecke reserviert hatte. Isabelle und ich gingen zum kleinen Supermarkt, um Melone, Pastete, zwei Baguettes, Weintrauben und Wein zu kaufen. Wir stellten uns vor. Isabelle war Krankenschwester in Limoges, Christopher war Personalleiter in einem Krankenhaus für Behinderte, und Maria war Pastorin. Jeder erzählte eine besondere Anekdote, und ich berichtete ihnen von den Geistern von Raphaels Onkel und Eleanors Großmutter. Isabelle erzählte uns, dass ihr Vater eine Leidenschaft für Brieftauben hatte. »Als er starb, mussten wir sein Haus räumen und verkaufen. An dem Tag, als ich ankam, saß eine Taube auf dem Dach und schaute mich auf eine seltsame Weise an. Ich dachte an meinen Vater, sagte aber nichts. Später fuhr auch meine Schwester zum Haus und sah ebenfalls die Taube. Erst als wir zusammen dort waren, sprachen wir darüber. ›Hast du die Taube auch gesehen?‹ Wir sagten zu dem Vogel: ›Bist du es, Papa, der uns mit der Taube ein Zeichen schickt?‹ Der Vogel schaute uns beide an und flog dann davon. Wir sahen ihn nie wieder, als wäre er zufrieden, dass wir es verstanden hatten. Aber ich brauchte etwas mehr, um daran zu glauben, und sagte: ›Wenn du das warst, Papa, dann will ich jeden Tag, den ich lebe, eine Taube sehen.‹ Und genau das passiert seitdem.« In den folgenden Tagen schickte sie mir übrigens Fotos von Tauben, denen sie mitten im Wald begegnet war, während ich meinerseits selten Tauben sah.

Christopher ergriff das Wort und erzählte uns, dass er sich jedes Mal, wenn es im Krankenhaus Probleme mit dem Personal oder den Patienten gab, an die Verstorbenen wendete, die dort gearbeitet hatten. Er bat sie um Hilfe, und alles kam schnell wieder in Ordnung. Ein Personalleiter, der sich an Geister wendet, ist eher ungewöhnlich! Er erzählte auch, dass sie, als seine erste Frau schwanger war, den Kinderwagen in einem Zimmer vor dem Fenster abgestellt hatten. Sofort setzte sich eine Taube auf die Fensterbank und blieb dort mehrere Tage lang, ohne sich zu bewegen, bis das Kind geboren wurde. Erst als sie das Baby in den Kinderwagen gelegt hatten, flog der Vogel weg. Sie gaben dem Kind einen Vornamen, der *Taube*, Symbol des Friedens, bedeutet.

Maria beobachtete mich und fragte: »Und wie hieß deine Großmutter?«

»Sie hieß Maria, und diese Reise mache ich ihr zu Ehren.«

Als ich ihr das erzählte, wurde mir klar, dass das auch ihr Vorname war. Es war erstaunlich. Wie groß war die Wahrscheinlichkeit, dass zwei von vier Personen eine bemerkenswerte Geschichte über eine Taube zu erzählen hatten und die anderen beiden eine starke Verbindung zum Namen Maria hatten? Wir waren Fremde, und doch hatte ich das Gefühl, dass wir miteinander verbunden waren.

Nach meinem Geburtstag setzte sich die Sonne schließlich dauerhaft durch. Der Himmel hatte wohl gemerkt, wie sehr ich gereinigt werden musste, und die Wolken gewissenhaft in den Spülmodus versetzt. Am nächsten Tag begegnete ich auf dem Weg einem Bauern, Christian, der Wanderern Tee anbot. Ich bedankte mich bei ihm und sagte ihm, dass dieses heiße Getränk an einem kühlen Morgen ein kleines Geburtstagsgeschenk sei. Er erzählte mir, dass er selbst heute Geburtstag hatte. Das berührte uns beide.

Françoise, bei der ich drei Etappen später schlief, war am selben Tag wie ich geboren. Das Leben webt ein Netz aus unsichtbaren Fäden, die jedoch spürbar sind.

In Vic-en-Bigorre fand ich die Telefonnummer einer Masseurin, die sich bereit erklärte, mich um 18 Uhr in ihrem Institut zu behandeln, obwohl es um diese Zeit schon geschlossen war. Sie massierte mich bis 19:30 Uhr und sagte, dass ich es dringend nötig gehabt hätte. Sie hatte an einem ihrer Handgelenke **Karpaltunnelschmerzen** und ich bot ihr an, ihr die Symbolik zu erklären, was sie gerne annahm: »Das kann bedeuten, dass man sich nicht gegen die Befehle einer anderen Person wehren kann.« Sie gestand mir, dass sie unter den Manipulationen ihres narzisstisch-perversen Ex-Mannes gelitten hatte. Das war genau das Thema des Buches, das ich drei Monate zuvor fertiggestellt hatte. Ich gab ihr Ratschläge.

Später traf ich den Priester der Abtei von Tarasteix, der für eine äußerst geringe Summe Unterkunft, Abendessen und Frühstück anbot. Er war empfänglich für meine Liebe zur Natur und führte mich durch diesen außergewöhnlichen Ort, an dem mehrere hundert Jahre alte Olivenbäume neben seltenen Arten gediehen. Ich beschloss, ihn für das Magazin *Inexploré* zu interviewen, und er beendete seinen Tag, indem er mir auf der Orgel vorspielte, ohne zu wissen, dass dies mein Lieblingsinstrument ist, das meine andere Großmutter gespielt hat.

Philippe, den ich nicht persönlich kannte und der in einer der technischen Abteilungen des Heiligtums Lourdes arbeitete, folgte mir auf Facebook. Er bot mir großzügig an, mir vor Ort eine Führung zu geben. Ich erzählte ihm, dass mir Menschen mit eingeschränkter Mobilität beim Lesen meiner wenigen Posts gesagt hatten, dass sie das Gefühl hätten, mit mir zu diesem heiligen Ort zu wandern. Er reichte mir den Zehn-Liter-Kanister, den er in der Hand hielt, und sagte: »Das ist für Sie. So müssen Sie nicht noch ein Stück weiterlaufen, um einen zu kaufen, und Sie können ihn mit Wasser der heiligen Quelle füllen. Ich sollte ihn heute Abend Freunden mitbringen. Ich werde ihnen stattdessen Ihre Geschichte schenken.«

Diese Reise war ein Austausch von Energien. Diese Verbindung zwischen den Lebewesen war da, gut sichtbar dank dieser Myriade von Synchronizitäten: eine Reihe von Ereignissen ohne erkennbare Verbindung zueinander, die der *Zufall* auf meinem Weg miteinander verknüpft hat.

- *Wir müssen nicht unbedingt auf große Wanderungen gehen, um uns von alter Wut und anderen negativen Emotionen zu lösen. Meditation, Schwimmen, Gartenarbeit, ein Spaziergang … Jede Aktivität ist geeignet, unseren Wandel auch tiefgreifend zu vollziehen. Wenn wir in die Natur gehen, nehmen wir die Energie der Pflanzen auf. Durch intensives Atmen ermöglichen wir unseren Zellen, sich zu regenerieren und so alte Wunden aufzulösen. Die Natur ist voller positiver Schwingungen. Im Sommer kann man barfuß gehen, um die Nähe zu Mutter Erde und unsere Empfindungen zu verstärken. Wenn wir uns selbst etwas Gutes tun, strahlen wir das auch auf unsere Mitmenschen aus und verbinden uns mit dem Universum.*

Schlusswort

Gemeinsam haben wir eine andere Art und Weise entdeckt, das Leben zu betrachten. Wir haben erkannt, was hinter Misserfolg und Krankheit steckt. Dieser Weg, den Sie gerade zurückgelegt haben, wird Sie wieder mit Ihrem Körper verbinden. Sie werden mit ihm wie mit einem engen Freund sprechen, der Sie begleitet, und ihm seine heilenden Kräfte zurückgeben. Sie hören nun auf die Geheimnisse Ihrer Seele, die Ihnen zuflüstert, dass das Heilen Ihrer Wunden die größte Herausforderung ist, die Sie für Ihre Inkarnation angenommen haben. Sie wissen auch, dass Widrigkeiten, Prüfungen und Frustrationen allesamt Botschaften sind, die das Universum an Sie sendet, um Ihre innere Stärke wiederzufinden. Sie alle sind nun Ihre Werkzeuge. Sie werden tiefen inneren Frieden finden. Einige ständig wiederkehrende Schwierigkeiten werden sogar verschwinden. Und wenn Probleme auftauchen, werden Sie sich dabei ertappen, wie Sie diesen Schritt zur Seite machen, der jede Prüfung zu einer Erfahrung macht. Sie werden sich sofort daran erinnern, dass es etwas Positives gibt, das ans Licht gebracht werden will. Dass dieser »Mist« in Wirklichkeit Dünger ist, um der schönen Pflanze, die Sie sind, zu helfen, anders zu wachsen. Man streut auch Dung unter die Rosensträucher, damit sie majestätischer werden. Sie werden nach der Seelenwunde suchen, die immer wieder aufreißt und deren Ursprung in Ihrer Vergangenheit liegt oder in der Weitergabe eines Misserfolgs Ihrer Eltern oder Großeltern oder sogar der Vorfahren, deren Vornamen Sie tragen. Wenn Sie die Protokolle anwenden, werden Sie sich von diesem emotionalen Erdbeben und deren jüngsten Nachbeben befreien. Die Zeiten, in denen Sie anderen die Schuld gegeben haben oder dem Schicksal, Bakterien, Viren, Pech oder anderen äußeren Einflüssen, sind vorbei. Wie schön, dass die Lösung in Ihnen selbst liegt und dass Sie durch einen Perspektivenwechsel die Macht haben, sich dauerhaft von Ihren Sorgen zu befreien.

Dank der unsichtbaren Kräfte, die Sie umgeben, haben Sie mächtige Verbündete gewonnen. Sie werden durch Träume zu Ihnen sprechen. Am schwierigsten wird es sein, den Verstand, der Ihnen sagt, dass nur das Sichtbare existiert, beiseitezuschieben und zu lernen, diese außergewöhnlichen Helfer zu jeder Tageszeit um Hilfe zu bitten. Doch wenn Sie die Kraft ihrer Dienste mehrmals erfahren haben, werden Sie keine Zweifel mehr haben. Diese Verbündeten werden Ihnen dank Ihrer Wiederverbindung mit dem Feinstofflichen helfen, und Sie werden sich dabei ertappen, wie Sie ihnen den ganzen Tag über danken, weil Sie von ihrer Unterstützung überzeugt sind.

Sie konnten beim Lesen dieses Buches feststellen, dass hier keine Magie am Werk ist. Es ist der Weg, den Sie gehen werden, um den geheimen Kräften der Vergebung zu begegnen, die das ultimative Werkzeug für Ihre Befreiung ist. Sie ist die Essenz der Erneuerung, die alte Lebensprüfungen und schwere Krankheiten auflösen kann. Und jeden Tag wird der Groll weichen und die Vergebung ein wenig mehr in Sie dringen. Unterstützt von der Kraft einer tiefen und aufrichtigen Intention werden Sie zu neuer Vitalität und sicherem Wohlbefinden kommen. Das ist der Schlüssel zu Ihrer Energie. Ihr Leben hat bereits begonnen, sich zum Besseren zu verändern.

Wenn eine Krankheit auftritt

1. Sie sind krank: Dies ist eine Gelegenheit, die Botschaft zu verstehen, die Ihr Körper Ihnen durch ein Symptom übermittelt.
2. Suchen Sie zuerst einen Arzt auf, und nehmen Sie bei Bedarf Medikamente ein, um Ihren Verstand abzuschalten, der behauptet, dass man ohne Heilmittel nicht gesund werden kann. Seien Sie sich bewusst, dass manchmal ein Placebo ausreicht.
3. Beschäftigen Sie sich mit den Informationen, die Ihnen Ihr Körper als wertvoller Verbündeter übermittelt. Suchen Sie nach dem schmerzhaften Ereignis, das die Krankheit ausgelöst hat. Stellen Sie sich selbst Fragen aus Protokoll 2. Wen haben Sie gesehen, was haben Sie Unangenehmes gehört, kurz bevor Sie krank wurden? Suchen Sie nötigenfalls nach Hinweisen in der Symbolik von Krankheiten. Wenn Sie dort nicht fündig werden, führen Sie die Protokolle 10 und 11 durch, um mit Ihrem Geistführer in Kontakt zu treten, und bitten Sie ihn vor dem Einschlafen, Ihnen im Traum die Lösung zu senden.
4. Führen Sie das Protokoll 3 durch, und sprechen Sie mit Ihrem Körper, jeden Tag, mehrmals täglich. Drücken Sie laut und deutlich (mit **Energie**) Ihren Willen zur Heilung aus, um die 99 Prozent anzusprechen,

aus denen Sie bestehen. Zum Beispiel: »Danke, lieber Körper, ich habe verstanden, dass dieses emotionale Problem die Ursache für diese Krankheit ist, du kannst die Symptome entfernen, denn ich werde daran arbeiten, diese Emotion zu reinigen, indem ich verschiedene Protokolle durchführe.«

5. Visualisieren Sie die Reinigung der schmerzenden Stelle, indem Sie sich vorstellen, dass Sie den Schmerz mit dem Atem ausstoßen.
6. Führen Sie das Protokoll 5 und anschließend eine Seelenrückholung (Protokoll 6) durch – und zwar mit allen Personen, die Sie durch ihre Haltung massiv aus dem Gleichgewicht gebracht und Ihnen Energie entzogen haben. Denn wenn Sie sich nachhaltig wiederaufbauen wollen, ist es notwendig, *ganz* zu sein.
7. Denken Sie über die emotionale Verletzung (Ungerechtigkeit, Ablehnung, Verlassenwerden, Demütigung, Vertrauensbruch) nach, die durch diese Krankheit hervorgehoben wird. Sie ist die Nachbildung einer anderen (größeren), die sich in Ihrer Kindheit ereignet hat oder die Sie von Ihren Vorfahren geerbt haben.
8. Reinigen oder trennen Sie die schmerzhaften Bindungen (mithilfe der Protokolle 7 oder 8) mit den Personen, die mit diesen emotionalen Lasten in Verbindung stehen.

9. Verbinden Sie sich mit Ihrem inneren Kind (indem Sie das Protokoll 9 durchführen), um sich von frühkindlichen Schuldgefühlen zu befreien, die Ihre Blockaden und Ängste verursachen.
10. Sie haben diese Personen oder Ereignisse angezogen, um zu versuchen, von dieser ursprünglichen Wunde geheilt zu werden. Eines Tages werden Sie ihnen vergeben können und ihnen sogar dafür danken, dass sie es Ihnen ermöglicht haben, sich zu entwickeln und zu heilen.
11. Geben Sie sich Zeit, um Ihnen selbst (Ihrer Seele) zu vergeben, dass Sie sich vor Ihrer Inkarnation so viele Herausforderungen auferlegt haben.
12. Wiederholen Sie die Schritte 1–5 jeden Tag, bis das Symptom verschwindet. Führen Sie dann erneut eine Serie der Protokolle 5–8 durch (lassen Sie **mindestens** zwei Wochen zwischen der ersten und der zweiten Serie vergehen, damit Ihr Körper die neuen Energien aufnehmen kann), und geben Sie sich die Zeit, die Sie brauchen, um zu heilen. Sie können zusätzlich zu diesen Protokollen regelmäßig die Rituale der Reinigung, der Erdung und der Bettreinigung durchführen.

Wenn eine Prüfung auftritt

1. Eine schwierige Zeit zu erleben ist eine Gelegenheit, eine alte Wunde zu heilen.
2. Drücken Sie Ihren Ärger, Ihre Angst, Ihre Scham, Ihre Frustration, Ihren Hass und Ihre Trauer laut für sich selbst aus.
3. Drücken Sie Ihren Groll (in angemessener Form) gegenüber der betroffenen Person aus.
4. Identifizieren Sie die Verletzung: Vertrauensbruch, Ungerechtigkeit, Ablehnung, Demütigung, Verlassenwerden. Wenn Sie sie nicht finden, führen Sie die Protokolle 10 und 11 durch, um mit Ihrem Geistführer in Kontakt zu treten, und bitten Sie ihn vor dem Einschlafen, Ihnen im Traum die Lösung zu senden.
5. Lassen Sie weder Ihre Mitmenschen noch sich selbst diese Verletzung erleben.
6. Wir alle haben schon einiges durchgemacht. Führen Sie eine Seelenrückholung (Protokoll 5) durch, um keine Energie mehr zu verlieren. Wenn Sie sich durch das Verhalten einer Person (durch ihr Schweigen, ihre Widersprüche, ihre ständige Kritik oder ihre Vorwürfe) verloren fühlen, ist das ein Zeichen dafür, dass Sie Energie verlieren und diese Person sich davon ernährt. Führen Sie mit dieser Person Protokoll 6 durch. Überlegen Sie, ob Ihre

Eltern, Großeltern, Geschwister, Onkel und Tanten Ihnen ebenfalls (unwillentlich) Energie entzogen haben, weil sie Sie immer wieder aus dem Gleichgewicht gebracht haben. Und führen Sie Protokoll 6 mit den betreffenden Personen durch.

Hinweis: Wenn Sie von Arbeitskollegen, Freunden oder Ihrem Partner schlecht behandelt werden, ist das ein untrüglicher Beweis dafür, dass Sie einen Teil Ihrer Energie verloren haben. Führen Sie Protokoll 5 und dann Protokoll 6 mit diesen Personen durch.

7. Reinigen (oder durchtrennen) Sie die schmerzhaften Bindungen zu den Personen, die Ihnen Leid zugefügt haben.
8. Beobachten Sie Muster, die sich wiederholen, und reinigen (oder durchtrennen) Sie die schmerzhaften Bindungen zu den Personen in Ihrer Familie, die Ihnen diese Lebensprüfungen übertragen haben.
9. Verbinden Sie sich mit Ihrem inneren Kind (indem Sie noch einmal Protokoll 9 lesen), um sich von frühkindlichen Schuldgefühlen zu befreien, die Ihre Blockaden und Ängste verursachen.
10. Sie haben diese Personen oder Ereignisse angezogen, um zu versuchen, von dieser ursprünglichen Wunde geheilt zu werden. Geben Sie sich Zeit, um ihnen zu vergeben, damit Sie ihnen eines Tages für die Person danken können, die Sie geworden sind.

11. Vergeben Sie sich (Ihrer Seele), dass Sie sich vor Ihrer Inkarnation so viele Herausforderungen auferlegt haben.
12. Führen Sie erneut eine Serie der Protokolle 5–8 durch, und lassen Sie **mindestens** zwei Wochen zwischen dem ersten und dem zweiten Durchgang vergehen, damit Ihr Körper die neue Energie aufnehmen kann. Wenn Sie diese Protokolle mit vielen Personen durchführen müssen, machen Sie eine Serie mit drei oder sechs Personen hintereinander, und lassen Sie dann mindestens zwei Wochen verstreichen, bevor Sie einen neuen Durchgang starten.

Wenn eine schmerzhafte Emotion reaktiviert wird, bedeutet das, dass es noch etwas zu bereinigen gibt. Bitten Sie Ihren Geistführer, Ihnen durch Träume Aufschluss darüber zu geben oder einen Therapeuten in Ihr Leben zu »schicken«, der Ihnen hilft, in Bezug auf diese Verletzung Klarheit zu gewinnen.

Sie können zusätzlich zu diesen Protokollen regelmäßig die Rituale der Reinigung, der Erdung und der Bettreinigung durchführen.

Danksagung

Dieses Buch ist aus den Ratschlägen entstanden, die man mir gegeben hat. Es ist entstanden aus den manchmal außergewöhnlichen Praktiken, die ich angewendet habe, weil das Leben mich aufgefordert hat, meine innere Stärke wiederzufinden. Ich danke daher in erster Linie den Magnetiseuren, Heilern, Medien und Schamanen, dass sie mir großzügig ihre Erfahrungen und Techniken anvertraut haben. Es ist an der Zeit, diesen vielfältigen Schatz mit möglichst vielen Menschen zu teilen, und so wird dieses Buch zum Verwahrer dieses fast vergessenen Wissens, das ich fast zehn Jahre lang gesammelt, erprobt und oft auch vervollständigt habe.

Ein unendlicher Dank geht an die Ärzte, Psychiater und Psychotherapeuten, die bereit waren, einen kritischen und wohlwollenden Blick auf diese Arbeit zu werfen. Zunächst an den Psychotherapeuten Jacques Roques, Mitbegründer von EMDR France und Begründer der Psychoneurobiologie – dank seiner konnte ich die Arbeit rund um die Schuldgefühle vertiefen. Außerdem verdanke ich ihm die Information über die Parallele zwischen der Seelenrückholung und der in der Psychotherapie verwendeten Lichtstromtechnik und schließlich den Hinweis, dass es, wenn man sich auf die Dezimalstellen bezieht, eine Million mal mehr Energie und Informationen als Materie in unserem Körper gibt. Dem Psychiater Jean Sandretto danke ich dafür, dass er mir die Gelegenheit gegeben hat, den so wichtigen Begriff des Spiegelneurons zu verdeutlichen.

Mein Dank gilt auch dem Arzt und Osteopathen Patrick Jouhaud, Lehrer für Dynamik des Lebendigen in der pädiatrischen Osteopathie, der mich auf seine bemerkenswerte Arbeit über Embryologie aufmerksam gemacht und mir vorgeschlagen hat, den Begriff der Synchronizität im Kapitel »Ein Upgrade für Ihr Leben« zu betonen. Ein Dankeschön dem Arzt Gérard Ostermann, Psychotherapeut und Professor für Heilmittellehre, der meine Aufmerksamkeit auf eine wesentliche Tatsache gelenkt hat: Eine Emotion ist nie negativ, da sie eine Botschaft für die Heilung vermittelt. Danke an alle vier, dass sie mir deutlich gemacht haben, dass die Symbolik von Krankheiten eine Sammlung von Statistiken ist und dass der beste Weg, den Auslöser einer Krankheit zu entdecken, immer noch die Suche nach dem schmerzhaften Ereignis ist, das die Krankheit verursacht hat.

Ein großes Dankeschön an meine wertvollen Freundinnen. Natalie Fuchs für ihre beständige Unterstützung und einen ihrer Kontakte, der dank eines Protokolls mein Leben verändert hat; Nathalie Lenseigne, die mich ermutigt hat, mein wahres Ich zu zeigen und mich nicht mehr hinter dem Schreiben von Romanen zu verstecken; Laurie Fatovic für ihr Zuhören und dafür, dass sie mir geholfen hat, dieses Buch in Erwägung zu ziehen; Florence Hubert für ihre Verbindungen und ihre tröstliche Präsenz, insbesondere als meine Schwester gestorben ist; Loan Miège für ihre Großzügigkeit und ihre Hilfe bei vielen Gelegenheiten; Marie-Pierre Dillenseger für ihre klugen Ratschläge und ihre Anwesenheit an meiner Seite, als ich mich dem MRT unterzog, bei dem der doppelte Bandscheibenvorfall diagnostiziert wurde, durch den alles ins Wanken geriet; Bénédicte Touchard de Morant, die seit über dreißig Jahren in den wichtigsten Momenten immer für mich da ist – ich werde nie deinen Anruf und deine Fragen vergessen, kurz bevor ich dieses Buch ein letztes Mal gelesen habe, dank derer ich ausführlichere Anmerkungen hinzufügen konnte.

Ein riesiges Dankeschön an alle, die an meinen Workshops oder Vorträgen teilgenommen und mich kontaktiert haben, um von ihrer Heilung, einem offensichtlichen besseren Wohlbefinden und manchmal sogar von kleinen Wundern des Lebens zu berichten. Eure Metamorphosen sind wertvolle Geschenke und eine unglaubliche Ermutigung.

Danke auch an den *Chef*, Francis Esménard, der die Kunst beherrscht, mich ebenso diskret wie kraftvoll zu unterstützen, an den neuen Direktor von Albin Michel, Gilles Haéri, für seine Begeisterung an dem Tag, als ich ihm von diesem Projekt erzählte, und vor allem an meine Verlegerin Lise Boëll für ihr intuitives Genie und ihre wertvolle Hilfe, das Beste aus mir herauszuholen. Ich danke ebenfalls Estelle Cerutti, Damien Bergeret, Iris Néron-Bancel und Florence Le Grand, die mir durch ihre Fragen und Vorschläge so sehr geholfen haben, meine Botschaft zum Ausdruck zu bringen. Dieses Buch hat dank dieses großartigen Teams viel dazugewonnen.

Ein bedingungsloses Dankeschön an meine Eltern, meine Schwestern und meine Familie für die, die ich geworden bin. Danke an meinen Sohn, den ich so sehr liebe, für sein reines Herz, seine Sensibilität und seinen Blick auf das Leben. Danke an meinen Mann für seine Geduld, als es mir so schlecht ging, seinen Respekt für meine Arbeit, seine Liebe, unsere Gespräche und unsere Verbundenheit und vor allem seine wertschätzende Liebenswürdigkeit, die mir hilft, auf meinem Weg voranzukommen.

Danke an A. L. für die Ewigkeit.

Anmerkungen

1 Windpferd, 2013.

2 Es gibt fünf weitere Wunden: die der Wut, der Machtlosigkeit, der Traurigkeit, der Schuld und der Angst. Sie sind gleichermaßen wichtig, werden in den Werken Lise Bourbeaus jedoch nicht erwähnt. Ich befasse mich mit diesen Wunden im Folgeband *Trouver ma place. 22 protocoles pour accéder au bonheur*, Albin Michel, 2021.

3 Siehe: Rainville, Claudia: *Metamedizin 2.0: Jedes Symptom ist eine Botschaft*, Silberschnur, 2021; Martel, Jacques: *Mein Körper – Barometer der Seele*, VAK, 2016; Odoul, Michel: *Dis-moi où tu as mal, je te dirai pourquoi* (»Sag mir, wo es weh tut, und ich sage dir, weshalb«), Albin Michel, 2022.

4 Siehe: *Soigner avec l'acupuncture* (»Mit Akupunktur heilen«), Éditions Dunod, 2019.

5 Siehe: *À la rencontre des esprits de la nature* (»Naturgeistern begegnen«), Éditions Exergue, 2014.

6 Siehe: *EMDR: une révolution thérapeutique* (»EMDR: Eine therapeutische Revolution«), Desclée de Brouwer, 2016.

7 Albin Michel, 2018.

8 Vgl. *Totem und Tabu*, Reclam, 2016.

9 Siehe *Oh, meine Ahnen! Wie das Leben unserer Vorfahren in uns wiederkehrt*, 9. Auflage, Carl Auer, 2018.

10 Siehe zum Beispiel: *Oser s'accomplir. 12 clés pour être soi* (»Wagen, sich zu verwirklichen. 12 Schlüssel zum Selbstsein«), Mama éditions, 2019.

11 Siehe: Lemoine, Patrick: *Gut schlafen, besser leben: Das komplette Programm gegen Schlaflosigkeit*, Frech-Verlag, 2019.

12 *Enquêtes extraordinaires, »Les guérisseurs«* (»Außergewöhnliche Untersuchungen, ›Heiler‹«), Regie: Thierry Machado, Leitung: Natacha Calestrémé, Präsentation: Stéphane Allix, 2010.

13 *Vivre le deuil au jour le jour* (»Trauer von Tag zu Tag leben«), Albin Michel, 2018.

14 Goldmann Verlag, 2019.

Sachregister